/ 100 位

为新中国成立作出突出贡献的英雄模范人物/

马本斋

王　晶/编著

吉林出版集团 | 吉林文史出版社

图书在版编目（CIP）数据

马本斋 / 王晶编著. -- 长春 : 吉林文史出版社,
2011.4（2024.5重印）
（100位为新中国成立作出突出贡献的英雄模范人物）
ISBN 978-7-5472-0498-6

Ⅰ. ①马… Ⅱ. ①王… Ⅲ. ①马本斋（1902～1944）－
生平事迹 Ⅳ. ①K825.2

中国版本图书馆CIP数据核字(2011)第049563号

马本斋

MABENZHAI

编著/ 王晶
选题策划/ 王尔立 责任编辑/ 王尔立
装帧设计/ 韩璘
出版发行/ 吉林文史出版社
地址/ 长春市福祉大路5788号 邮编/ 130118
电话/ 0431-81629363 传真/ 0431-86037589
印刷/ 天津海德伟业印务有限公司
版次/ 2011年4月第1版 2024年5月第7次印刷
开本/ 640mm×920mm 1/16
印张/ 9 字数/ 100千
书号/ ISBN 978-7-5472-0498-6
定价/ 29.80元

《100位为新中国成立作出突出贡献的英雄模范人物》丛书

/ 100 位

为新中国成立作出突出贡献的英雄模范人物/

八女投江　于化虎　小叶丹　马本斋　马立训　方志敏

毛泽民　毛泽覃　王尔琢　王尽美　王克勤　王若飞

邓　萍　邓中夏　邓恩铭　韦拔群　冯　平　卢德铭

叶　挺　叶成焕　左　权　诺尔曼·白求恩　任常伦

关向应　刘老庄连　刘伯坚　刘志丹　刘胡兰　吉鸿昌

向警予　寻淮洲　戎冠秀　朱　瑞　江上青　江竹筠

许继慎　阮啸仙　何叔衡　佟麟阁　吴运铎　吴焕先

张太雷　张自忠　张学良　张思德　旷继勋　李　白

李　林　李大钊　李公朴　李兆麟　李硕勋　杨　殷

杨子荣　杨开慧　杨虎城　杨靖宇　杨闇公　萧楚女

苏兆征　邹韬奋　陈延年　陈树湘　陈嘉庚　陈潭秋

冼星海　周文雍、陈铁军夫妇　周逸群　明德英　林祥谦

罗亦农　罗忠毅　罗炳辉　郑律成　恽代英　段德昌

贺　英　赵一曼　赵世炎　赵尚志　赵博生　赵登禹

闻一多　埃德加·斯诺　夏明翰　格里戈里·库里申科

狼牙山五壮士　聂　耳　郭俊卿　钱壮飞　黄公略

彭　湃　彭雪枫　董存瑞　董振堂　谢子长　鲁　迅

蔡和森　戴安澜　瞿秋白

前言

每个人的心中都多少有一点英雄情结，都向往英雄、景仰英雄。也正因此，在中华人民共和国建国六十周年之际，由中央十一部委联合组织开展的“100 位为新中国成立作出突出贡献的英雄模范人物和 100 位新中国成立以来感动中国人物”的评选活动中，群众参与投票总数近一亿。这其中的每一张选票，都表达了人们对英雄模范的崇敬之情，寄托着对伟大祖国的美好祝福。

一个民族不能没有英雄,否则这个民族就不会强大。当国家危难之时，懦弱者选择了逃避、妥协甚至投降，英雄们却挺身而出，用热血捍卫民族的尊严，人民的幸福。在创立和建设新中国的伟大历程中，涌现出无数可歌可泣的英雄模范人物。他们之中，有为了民族独立和人民解放而英勇牺牲的革命先烈，有为了党和人民的事业而不懈奋斗的优秀共产党员，有在全民族抗战中顽强奋战、为国捐躯的爱国将士，有英勇杀敌的战斗英雄和革命群众，有积极从事进步活动的著名民主爱国人士和国际友人……他们是民族的脊梁、祖国的骄傲，是激励全体人民团结奋斗的精神力量。

《100 位为新中国成立作出突出贡献的英雄模范人物传记》丛书，就像一部星光璀璨的英雄谱，真实、完整地记录了英雄模范人物不平凡的一生，再现了他们非凡的人格魅力和精神世界。“头颅可断腹可剖”的铁血将军杨靖宇,“毫不利己，专门利人”的白求恩,“抗战军人之魂”张自忠,“砍头不要紧”的夏明翰,“俯首甘为孺子牛”的文化斗士鲁迅……一串串闪光的名字，一个个动人的故事，犹如群星闪烁，光耀中华。

如今，战火已熄，硝烟已散，英雄已逝，我们沐浴在和平的幸福之中。在和平年代，人们不会忘记为今日的和平浴血奋战的英雄们，英雄的故事永远不会结束。让我们用英雄的故事唤醒我们心中的激情，为中华民族的伟大复兴而奋斗。

生平简介

马本斋(1902–1944),男,回族,河北省献县人,中共党员。

马本斋早年投身奉军当兵，逐级升至团长。九·一八事变后，因不满国民党蒋介石的不抵抗政策，毅然弃官返乡。1937年7月，全国抗战爆发后，在家乡组织回民抗日义勇队，奋起抵抗日本侵略军。1938年4月率队参加八路军，所部改编为冀中军区回民教导总队，任总队长。1939年，回民教导总队改编为八路军第三纵队回民支队，任司令员。1942年8月，回民支队奉命到达冀鲁豫抗日根据地，被任命为冀鲁豫军区第三军分区司令员兼回民支队司令员。他作战勇猛，身先士卒，在回民支队和广大群众中享有很高威望。回民支队在他的率领下，战斗力不断提高，队伍发展到两千多人，成为一支能征善战的抗日劲旅。从1937年至1944年，他率回民支队奋勇杀敌，经历大小战斗八百七十余次，歼灭日伪军三万六千余人，屡建战功。1943年底，在率部参加冀鲁豫抗日根据地反蚕食战斗中，颈后长了毒疮。由于战事繁忙，加之缺医少药，不久病情加重。1944年1月底，回民支队奉命开赴延安。出发前，他抱病为部队作了最后一次动员，叮嘱指战员“要跟着党，跟着毛主席，抗战到底!”同年2月7日，在山东莘县不幸病逝。

1902-1944

[MABENZHAI]

◀ 马本斋

目录 contents

永远出征的战士（代序）

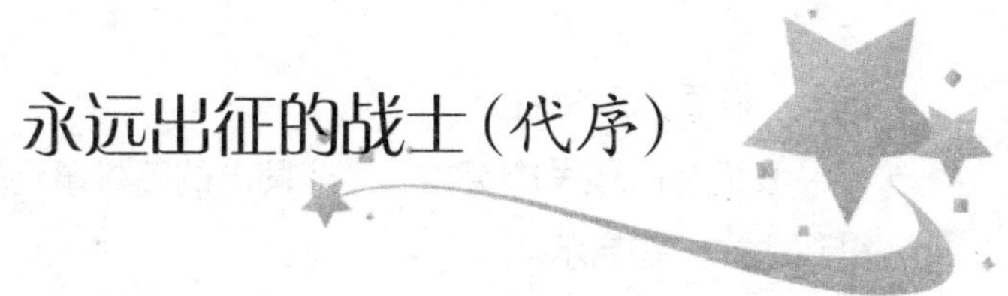

蒋介石的不抵抗政策，拱手把东北让给了日本侵略者，随之，东北沦陷，东北人民成了亡国奴。正在东北军当团长的马本斋，因不满蒋介石的不抵抗政策，愤然离开东北军，回乡务农。

卢沟桥事变之后，马本斋积极响应中国共产党的号召，在家乡组成回民抗日义勇队，主动接受中国共产党的领导，并很快加入了中国共产党，担任党领导下的回民干部教导总队总队长以及八路军冀鲁豫第三军分区兼回民支队司令员。

在抗日战争中，马本斋同志发挥自身的聪明才智，从实战出发，有效利用平原游击战争的特点，有针对性地练兵并培养干部，使回民支队成为一支威震冀中平原的"攻无不克，无坚不摧，打不垮，拖不烂的铁军"。

马本斋同志采用机动灵活的游击战术，始终坚持"地形要明，敌情要准，决心要稳，打仗要狠"的十六字作战原则，注重从各个方面取得敌情线索，求真务实，实事求是，为"百战不殆"提供了重要的基础保证。

马本斋同志勇谋兼备，在极其艰苦的抗日战争中，注重搞好民族团结和官兵团结，为建立巩固冀鲁豫地区的抗日政权、粉碎日本侵略者的扫荡，作出了重要贡献。

马本斋同志领导的回民支队使日本侵略者闻风丧胆，敌人在无计可施的情况下，利用关押其母亲的卑鄙手段，妄图迫使马本斋投降。马本斋母亲行爱国抗日大义，以绝食的方式同敌人进行抗争，最后光荣牺牲。

我们在回顾民族英雄马本斋同志的英雄事迹的过程中，应该得到这样一些启示：

第一，作为中国人，爱国应该是每个人的自觉行为。当中国共产党高高举起抗日民族统一战线的伟大旗帜之时，马本斋成立回族抗日义勇队，以不怕流血牺牲的大无畏精神，与日本侵略者展开了殊死的斗争。马本斋这种自觉的爱国主义精神，是中华民族热爱祖国传统美德的具体体现，也是中华民族屹立于世界民族之林的根本所在。

第二，作为中国人，应该成为自觉学习的人。“知识改变命运”在马本斋身上得到了很好的体现。他读私塾时，对于到底是“贫穷自在”还是“富贵自在”的问题，与私塾先生发生了争执，最后愤然离开私塾。尽管马本斋离开了私塾，但他把学习贯穿在生活的始终，使自己的聪明才智，在伟大的抗日战争中得到了很好的发挥。

第三，作为中国人，应该以“永远出征的战士”的姿态对待学习、工作和生活。坚持把毕生的精力投入到学习和工作中。在这方面，马本斋为人们树立了很好的榜样，他以“永远出征的战士”的姿态，努力奋斗到生命的最后一刻。其实，马本斋这种生命不息、奋斗不止的精神，是中华传统美德的集中体现，也是中华民族源远流长的根本所在。

童年经历

(1902—1917)

一 铁匠松

★★★★★

（0-6岁）

马本斋出生在1902年农历正月初三的早上。

妻子又给自己生了儿子，马永长心里很高兴，虽然日子清苦，生活艰难，而添人进口毕竟是真主的本意。于是，马永长乐颠颠地跑到清真寺，请阿訇给刚刚出生的儿子取经名，阿訇给起了个吉利的名字，叫尤素夫·马本斋，学名叫马守清。

童年的马本斋，经常帮母亲去碱地里扫碱土，用碱土熬小盐，穷苦人家，是买不起盐的。母亲在前边扫，马本斋在后头用手捧着往瓦罐里装，很快就装满了一瓦罐，母亲用破衣襟擦去儿子脸上的汗水，爱抚地摸着儿子的头说：

“孩子,安生日子就是平平安安的好日子,好日子就有饱饭吃。昨天，我在子牙河堤上听跑船的说,有不少地方兴了新官学。真主保佑,要真是那样就好了，你可以上学读书识字了。有了学问就能为咱穷人争气了。”

“读书？”马本斋嘴里喃喃地自语，在他的记忆里，读书是有钱人家孩子的事儿，还能轮到穷苦人？他好奇地问母亲：

“娘，我也能读书？读什么书？什么时候去上学？”

母亲见儿子如此认真，就微笑着对儿子说：

“孩子，我和你爹合计好了，砸锅卖铁也得供你上学去。读书可以认识好多好多字,先生还给你讲很多很多故事，学很多很多道理，长大了能为咱们穷人办大事。”

小孩子乐意听故事，小马本斋也是如此。他听说上学能听很多很的故事，又想起母亲也会讲故事，于是，就拽着母亲的胳膊说：

“娘，你现在就给我讲个故事吧。”

在平常日子里，母亲常给儿子讲《岳母刺字》、《苏武牧羊》以及《木兰从军》的故事。这时，母亲看了看眼前的盐碱地，她的心情就如同子牙河的波浪，难以平静下来。她指着眼前的一座长满松柏树的大土丘问儿子：

“孩子，你知道那座大土丘叫啥吗？”

“知道，叫铁匠台。”

“为啥叫它铁匠台？”

这可把马本斋问住了，他不解地摇了摇头。

见儿子这样，母亲微笑着拉起马本斋的小手，走上了铁匠台。

铁匠台是一座圆形的丘陵，它的顶部长满了松柏树。它的腰部布满了次生荆条。每到田野一片金黄的时节，那些荆条便开满了紫色的小花，就像一条美丽的腰带。

母子俩坐在大松树下,母亲给儿子讲起了铁匠台的故事。

既然母亲为儿子讲的是铁匠台的故事，那么，故事的主人公，一定是位铁匠了。是的，的确是这样。那是很早以前的事情了。有位铁匠，在河间府的北门大街开着一家铁匠铺。铁匠忠厚老实，身材魁梧有力，有一把硬骨头，是那种冻死迎风站，饿死不倒槽的硬汉。

“他天天起早贪黑，铁锤擂得丁当响。经他打出来的

△ 河北省河间县地名资料汇编

镰刀呀、锄头呀、耙子呀、铁锹呀，钢口好，又好使又便宜，方圆百里出了名。时间一长，找他打家什的人越来越多。老铁匠最喜欢和穷苦人交朋友，常常把镰刀、锄头、铁锹什么的，送给那些买不起农具的穷苦人。”

母亲讲到这里，稍微顿了顿，看了看儿子。此时，小本斋认真地听母亲讲着。母亲继续讲了下去：

“老铁匠60岁那年，黄河改道，又遇上了百年不遇的大旱，子牙河见了底，庄稼晒得直冒烟儿。乡亲们求龙王，根本不管用。老百姓没得吃，官府却催租摊派皇粮，逼得穷苦人实在活不下去了。”

听到这里，小本斋忽闪着大眼睛，看着母亲，那意思分明是在说：怎么办？怎么办呢？只听母亲接着讲下去：

“老铁匠手拎大铁斧，向百姓们高声吆喝道：‘父老兄弟们！穷苦哥们儿！渴死饿死，不如去找官府算账去，抢回粮食，或许有条活路！’难民们一呼百应，大伙抱成团儿，在老铁匠的带领下，一把火把县衙门烧了，把监狱砸了。他们打开官府的粮仓，一股脑儿地把粮食分光了。”

听到这里，小本斋竟高兴地拍起了小手。

“官府兴师动众，派了大批官兵来河间镇压。老铁匠不愧为一条有骨气的硬汉子，带领着穷苦百姓，手拿刀棒锹耙，拼死反抗，足足打了七七四十九天。最后，老铁匠手下的人，死的死了，伤的伤了……他边战边退，一直退到咱们坐的这座土丘上。他率领着剩下的五十名勇士，又血战了三天三夜，最后只剩下老铁匠一个人了。当官兵们再次冲上土丘的时候，只见老铁匠一个箭步窜上了土丘的最高顶，大吼一声，抡起大板斧向官军砸去。只听‘啊’的一声惨叫，为首的军官人头落地。官兵们个个吓得不敢上前，只得乱箭齐发。老铁匠身中数箭，仍然昂首挺立，稳如泰山……”

“第二天清晨，云开日出，彩霞万里。十里八乡的男女老少，怀着崇敬的心情，来到这座土丘上寻找老铁匠。英雄的老铁匠却无踪影了。在他站立的地方，长出了一棵枝干挺拔的参天大松树，传说这棵大松树就是老铁匠的化身。从此，这座土丘就叫铁匠台了。”

铁匠台的故事，母亲已经讲完半天了，母亲见小本斋始终沉默不语，便关切地问他：

“孩子，你在想什么？”

小本斋握着小拳头说：“铁匠爷爷真好，长大了，我也要学他那样！”

母亲满意地点头说：“好孩子，等你长大了，不管做什么事，都要对得起咱穷苦百姓；不管你将来当什么人，处处事事都要做像老铁匠这样的人！”

“富贵自在……”

☆☆☆☆☆

（7–10 岁）

马本斋从穆斯林学堂放学回家，他觉得很奇怪，每天到了这个时候，同学们不是嘁嘁喳喳，就是打打闹闹，而今天怎么个个都像是遭了霜打的叶子呢？他一问才知道，原来是傻六被黑心财主家的狗咬了。傻六腿上的肉被扯开了，不能走路。听到这里，马本斋飞快地跑到傻六的家。

马本斋握着傻六的手说：“六儿，别着急，过几天好了，哥还教你念书，教你练武术。”傻六眼泪夺眶而出，一直流到嘴角，他向马本斋提出要吃瓜。马本斋心中暗想，自己虽然没有钱，但一定要让傻六吃上瓜。

当天晚上，马本斋和小俊一起，摸进了黑财主的瓜地，还没来得及动手，就被看瓜的老青爷逮了个正着。当老青爷弄明白了事情的原委之后，送给马本斋一篮子香瓜。可是，当马本斋与小俊一路小跑，赶到傻六家的时候，听到的却是傻六母亲的哭声，原来，傻六已经死了。

面对傻六的惨死，傻六的父母只能悲戚，还能怎么样呢？穷人与财主，无论如何都是斗不过的。而此时此刻，面对着傻六的死，马本斋的心头怒火中烧，他想去找黑财主，为惨死的傻六报仇。可是，自己太小了，黑财主家深宅大院，不用说进去，即便是在门口经过，没准也会被他家的大花狗追咬，傻六不就是被那可恨的大花狗咬死的吗？

仇恨，只能埋在马本斋的心里。

课堂上，先生让学生背写《增广贤文》。

先生一声令下，同学们都开始刷刷地写了起来，唯有马本斋手里握着笔，眼睛直勾勾地看着桌面没有动。此时此刻，马本斋究竟在想什么呢？他是在想憨厚的傻六，他死得多惨哪！继而他又想到，难道读了圣贤书，就能制止黑财主这样的恶人的罪恶行径吗？想到这里，马本斋的嘴角上，现出了令人难以察觉的冷笑。他又看了一眼他的老师哈二先生，只见他正在讲台的后边，眯着眼睛，昏昏沉沉的样子，似乎要睡着了。马本斋想，就这样昏庸的家伙，还能做先生？

想到这里，马本斋奋笔疾书：

“……富贵自在，贫穷多忧。不以我为德，反以我为仇。宁向直中取，不可曲中求。人无远虑，必有近忧。知我者，谓我心忧；不知我者，谓我何求……”

考试结束了，卷子判完了，令哈二先生纳闷的是，在全班 32 份卷子中，竟有 21 份卷子把“贫穷自在，富贵多忧”改成“富贵自在，贫穷多忧”。一两个人错了，恐怕真的是记错了，或者是根本就没有理解导致的，而这么多人这样写，肯定是有意的，那么，到底是为什么呢？哈二先生想到这里，又细细地看了这 21 份卷子，从卷子署名上看出，这些改写的学生，竟然全都是穷人家的孩子。问题的根源似乎找到了，哈二想到了孩子头马本斋。哈二先生很生气。他本想在课堂上发泄一下，但却发现马本斋没来，不但马本斋没来，连那些穷人家的孩子都没有来，坐在课堂上的，只有那些富家子弟。

其实，这一天，是傻六死去的第七天，小伙伴们在马本斋的带领下，去傻六的坟头看望傻六了。马本斋以低沉的语调说道：

“六儿，哥和小兄弟们来看你啦！”他再没有说话，但他心中，却在暗暗地发誓：“我要为你报仇！我一定要为你报仇！”从坟地回来，学生们排着队走进教室。哈二先生早已等在教室门口，他没等马本斋走进教室，便疾言厉色地喊道：

“马本斋，跟我到书房去！”

对于哈二先生这样的举动，马本斋并不感到意外。

此时，哈二先生已经急不可耐了，因为他的屁股连凳子都没坐稳，就问马本斋：“改写《增广贤文》的，是不是你带的头？”马本斋坦然地承认。

“你乱改章句，取而代之，蛊惑人心，是何道理？”哈二先生声嘶力竭地问。

“因为这文章说的不公道！”马本斋胸有成竹地回答。

“这《增广贤文》乃千古名言，岂能有错？”哈二先生以为只有声音高八度，才能从气势上压倒马本斋。但此时的马本斋，却丝毫没有被压倒，而是据理力争地说道：

“咱东辛庄的穷苦人，年年吃不饱，穿不暖，他们有啥‘自在’？傻六被财主家的大花狗咬死，难道是‘贫穷自在’？财主家一年四季吃的鸡鸭鱼肉，难道是‘富贵多忧’吗？”

哈二先生竟无言以对，气得眼镜差点儿从鼻梁子上掉下来。

马本斋激昂地接着说："先生，你教过我们一首唐诗：'春种一粒粟，秋收万颗子，四海无闲田，农夫犹饿死。'说的是农民一年四季辛勤劳作，最后还要饿死，这说的难道不是'贫穷多忧'吗？"

哈二先生理屈词穷，真的恼羞成怒了：

"马本斋，你刚上学时，我还把你当成俊才，如今，我看你净是歪才，你小小的年纪就敢如此放肆，长大了还不造反？"

"先生……"马本斋刚要辩解，就被哈二先生打断了："你别叫我先生，该我叫你先生了！你简直是离经叛道！"

马本斋疾步迈出门槛，回头说道："先生，你不用赶，我早就不想念这颠倒黑白的书啦！"说完，他走出了学校的大门。

马本斋的母亲听说儿子与哈二先生因争论而赌气不再念书了，她沉思了好久，最终，打定了主意，她拉起儿子，去见哈二先生。

来到哈二先生的书房，马本斋母亲正色

地对哈二先生说：

“哈二先生，四年来承蒙您教他认了不少字，读了不少书，也给他讲过不少道理。看来我儿子这书没有白念，他读了四年书，真正认识了‘贫穷’和‘富贵’四个字。我这为娘的心愿也算达到了。”说完，母亲拉着马本斋说：

“给先生鞠躬，感谢先生教育！”

马本斋先是愣了一会儿，然后使劲鞠了个九十度的大躬。

“走，这书咱不念了！”母亲拉着马本斋愤然离去。

哈二先生呆若木鸡，失神地望着渐渐远去的母子俩的背影。

马本斋离开学堂之后，并没有放弃读书。每天早晨起来之后，先是练一通剑，然后再坐下来，静静地读起书来。《唐诗三百首》中，他最喜欢王维的《少年行》：

出身仕汉羽林郎，初随骠骑战渔阳。
孰知不向边庭苦，纵死犹闻侠骨香。

一连几天，当他读完《少年行》时，心中就想，傻六死得真惨，而他的死，与黑财主家的大花狗有着直接的关系，一定要收拾收拾大花狗。这时，马本斋的同学小俊来找他，他凑到小俊的耳边，把自己的主意告诉了小俊。

趁着夜色，马本斋和小俊先把黑财主家的大花狗引出来，紧接着，就把早已预备好的东西扔进了黑财主家的院子，当那大花狗咬住那块东西的时候，它猛然发了疯似的嗷嗷地叫了起来，紧接着，就在地上打起滚来。后来，夹着尾巴狼狈地跑回了大门楼里。见到这样的情形，马本斋和小俊高兴地抱在了一起。也就在这个时候，一双有力的大手，拍在了他俩的肩头，他俩被吓了一跳。回头一看，原来是本村的白老庭。白老庭不让他俩说话，而是拉着他俩钻进了小胡同。来到白家，白老庭问马本斋黑财主家的大花狗为什么在地上直打滚，马本斋和小俊都笑了。小俊对白老庭说，这都是马本斋的主意。

马本斋对白老庭说："黑家的大花狗咬死了傻六，我们天天想拔掉大花狗的牙。刚才我们把烧得滚烫的白薯扔给大花狗，被大花狗咬住想吐也吐不下来，这样就会把狗牙给烫下来呢。"

白老庭说：

"这件事干得好，对欺压穷人的人，就得这样对付他们。"

白老庭想了想，对两个孩子说：

"这件事，可千万不要说出去，财主的心都狠，让他们知道了，就要出大祸！"

听了白老庭的话，两个孩子都点了点头。马本斋和小俊出了白家门却又折了回来，原来，是哈二先生走了过来。白老庭在门口同哈二先生打着招呼。听哈二先生说，黑家的花狗牙没了！

白老庭凑过来说：

“你们也听到啦，刚才我在前街就听说啦。”他神秘地看了看周围，小声说道：“刚才我在前街听人说，有人看到从清真寺后墙根儿滚出一个大火球，直奔了大花狗，大花狗张嘴刚要叫，火球一下子飞到了它的嘴里，一下子把狗牙全都烧下来啦！”

哈二先生恐惧地缩着脖子小声说：“真有此事？”

“人们都说，这是傻六的冤魂显灵！”

“啊！”哈二先生目瞪口呆。

老青爷说：“唉，我刚才就说了，善有善报，恶有恶报，这是真主的安排哟！”白老庭回到院里，俩孩子一下子抱住了他，马本斋高兴地说：

“老庭大叔，你编得可真像，和真事一样。”

白老庭说：“这话一传出去，就没你们的事啦。”

“火球烫狗牙”的事情越传越远，越传越神。黑财主开始对此无动于衷，可是，后来风声越发大了，几乎无人不知无人不晓：被黑财主家的狗咬死了的傻六找上门来，将那恶狗的牙齿，一颗一颗地用火球给烫掉了，而那屈死的傻六，已经是精灵了，能够惩治世间一切邪恶。黑财主真的害怕了，只好把大花狗打死了，不得不祭了冤魂，乞求精灵饶过他家。

当然白老庭心里最明白，听着别人的议论，看着黑财主家里折腾，他会心地笑了，打心眼里越发喜欢马本斋这个后生了。

沧州府学艺

☆☆☆☆☆

（11–15 岁）

也就是在黑财主家的大花狗被打死没几天，马本斋就失踪了。马本斋上哪儿去了呢？原来，他是一个人直奔沧州府，要寻找师傅，学一身武艺，以对付天下所有的像黑财主一样的恶人。

故事听起来似乎难以置信，一个孩子身无分文，口袋里仅有几个菜团子，就敢一个人上路。可是，这就是少年马本斋。

马本斋星夜赶路，路过一个村庄过桥时，被一个站岗的大个子拦住了，说什么也不让他过桥，为什么呢？过桥，当然要付过桥费呀，可马本斋口袋是空的，几个菜团子也差不多吃光了。无论马本斋怎样说好话、赔小心，都不管用。没有办法，马本斋只好坐在离桥头不远处等待机会。

机会终于来了。一个孩子从村里出来，手里扯着风筝，却怎么也放不起来，他喊在桥头站岗的大个子，大个子走过去帮那孩子放风筝，可是，大个子笨手笨脚，也拿那风筝毫无办法。这时，马本斋凑了过去，帮那孩子放风筝，风筝在马本斋的手上，三下两下就被放起来了，马本斋扯着风筝过了桥，把风筝拴在一棵树上，然后撒腿就跑。

凭借聪明机智，马本斋终于过了桥。

然而，沧州府很远，马本斋也走累了，歪在树上歇一会儿，这时，正好从远处过来一辆拉棉花的马车，马本斋从树上轻轻地跳到车上，车把式竟然一丁点儿都没察觉。原来，是车上的棉花包起了作用。马本斋躺在棉花包上很舒服，一直走了很远的路，但这个地方到底是不是沧州府他不敢肯定，他悄悄地下了车，怕车把式发现了他，管他要车钱，他可没钱给。

其实，这里真的就是沧州府。

当马本斋走进沧州府的时候，天已经黑了。古城里灯火点点，对于马本斋说来，它充满了陌生，充满了神秘。街市上很热闹，最能诱惑马本斋的，还是那小吃摊上熟食飘出来的羊头肉的香味，那是有名的回族小吃。马本斋咽了咽口水，强忍着辘辘饥肠，仍旧走着。他拐进了胡同，胡同的尽头，是一家没有院墙，只有三间北房临街的人家。墙根下，有一大堆干草，马本斋心想，这干草堆倒是可以过夜。于是，他钻进了干草堆，并把草盖上，立刻感到暖和多了。屋里人说话，马本斋听得真切，原来是一家三口，孩子正缠着父亲讲故事，那故事叫什么沧州铁狮子。马本斋随着屋里传出来的故事，想了很久，慢慢地进入了梦乡。

天亮了，睡在陌生人家的干草堆里的马本斋被发现了。讲沧州府铁狮子故事的人，竟然是个穿长衫的教书先生，他见从干草堆里爬出来的马本斋愣愣地看着他，问马本斋是不是没有家，为什么会睡在这里，是不是饿了。

马本斋在陌生的先生家吃了顿饱饭，他感到，天底下还是有好人的！他向那位陌生的先生提到沧州府铁狮子的故事，陌生的先生笑了，告诉他那不过是个传说罢了。不过，马本斋真的要找学武艺的地方。于是，他离开了陌生先生的家，在大街上转悠起来。也就在这个时候，马本斋被人贩子盯上了，人贩子用一番花言巧语骗走了马本斋。但马本斋没有忘记给家里送个信，报个平安。他的信鸽，把他在沧州府的信息，很快送到了家里。其实，此时马本斋的爹娘正急得不行，儿子失踪，当爹娘的，怎么会不着急呢？于是，马永长急忙赶到了沧州府，可是，到哪里去找儿子呢？经人指点，马永长终于知道了儿子的下落，原来，儿子已经被人贩子骗走了，据说是被带到天津当童工去了。马永长听到这里，急忙赶到火车站。

马本斋真的被人骗了，但他凭借着机智灵活，终于又逃出了虎口。

马永长在火车站寻找着儿子，但终究不见儿子的踪影，有人说，被骗走的孩子，已经坐着火车去天津了。听到这儿，马永长哭了起来。

马本斋逃出人贩子的虎口后，也来到了火车站，他是想见见火车长得什么样。来到车站，见一大帮人正围着什么看热闹，他想上前看个究竟，他拼命地拨开人群，原来，被人围住的、正在痛哭流涕的竟是自己的爹。父子相见，他们一下子紧紧地抱在了一起。

初涉社会

(1918—1921)

火烧黑财主场院

☆☆☆☆☆

（16 岁）

1918 年，马本斋 16 岁了。他要离开自己的家乡河间府东辛庄了。在即将离开家乡之前，马本斋仍旧没有忘记与傻六告别。

马本斋来到傻六的坟前，此时，傻六的坟头已经长满了蒿草，开满了野花，看到这些，马本斋忍不住一阵心酸，他对傻六说：

“六儿，我的好兄弟，我来看你啦，我要出远门啦，去为咱们穷人找说理的地方。三年、五年、十年，不相信找不到咱们穷人的理儿！等我回来，再来看你。”

马永长肩挑着一副土筐，土筐的一头

放着一床破棉被，另一头放着两件破棉袄。马本斋那三只心爱的鸽子“雨点”、“雪花”、“银翅”，被放在一只笼子里，挂在担子的一头。

马本斋跟随着父亲刚出了村，突然远远传来喊声：

“本——斋——”

马本斋和父亲停住了脚步，回头望去，只见本斋母亲匆匆从村里赶来。马本斋喊了声：“娘！”便大步迎了上去。

母亲气喘吁吁地从手里拿出一个蓝布小包，珍惜地贴在胸前：“这是你最心爱的，别忘记带了。”说着，慢慢打开蓝布小包，里面是马本斋自幼最喜欢读的那部《绣像说岳全传》。“孩子，带上它，咱穷人就需要像岳元帅这样的人！这本书就是娘的心。”

马本斋激动地伸出双手，恭恭敬敬地接过书：“娘，您放心吧，我绝不给咱穷苦人丢脸！”

母亲满意地点了点头：“你们爷儿俩快上路，天不早了。”

他们离开了东辛庄，朝西北方向走去。

马本斋回头，见母亲还远远地站在高岗上看着他们。马本斋挥手高喊道：

“娘……您放心吧……”马本斋的喊声，在空旷的大平原上回响着。他看到母亲也在高岗上朝他们招手。

马本斋和父亲走了有三里多路，天就要完全黑下来了。

马本斋对父亲说：

“爹，你在这儿等我一会儿，我回村一趟。”

“啥事呀？忘下东西啦？”

“没有，你等我一会儿，我这就回来。”说着，大步向来路跑去。

马永长足足等了一顿饭的工夫，也没见儿子回来，而村北头却起了大火，很快便火光冲天了。马永长想，那个地方，不正是黑财主家的大场院吗？正在他纳闷的时候，马本斋回来了。

马本斋见父亲仍旧在吃惊地望着那大火，对他说：

“爹，咱们走吧！”

△《绣像说岳全传》人物像

“本斋，那是谁家起火了？”

“黑财主家的大场院！”

马永长似乎从儿子的神色中看出了什么：“这火是……”

“恶有恶报！爹，咱们快赶路吧。”

马本斋挑起担子，踏着夜色，大踏步踏上了征程。

此时此刻，马本斋心中暗想，烧了黑财主的场院，那是轻的，等我真有了能耐，我把天下所有的黑心财主家全都彻底地烧掉！想到这里，他心中油然升起了对未来的憧憬与希望，脚下的步子，更扎实、更稳健了。跟在身后的父亲，见儿子如此精神，心中充满了踏实与自豪。

京城见闻

☆☆☆☆☆

（16 岁）

马永长父子进了北京。晚上，他们爷儿俩在前门楼子的门洞里过夜。马本斋听身边两个乞丐聊天知道，一个外国大力士，正在中央公园五色土坛上摆擂台，八天都过去了，竟没有一个中国人能制服他！

马本斋听到这样的信息，顿时来了精神，他说服了父亲，父亲心疼地花了两个铜子儿，爷俩走进了天堂似的中央公园。

本来，马本斋是想找大力士比武的擂台的，可是，进了公园之后他才明白，只要到了这里，什么大力士比武的擂台，根本就不用找，公园迎门的地方，就摆着一个好大的牌子，牌子上边写得清楚明白：

俄国大力士康泰尔设擂十天。落款的时间是1918年9月15日。

擂台下，看热闹的人不少。马本斋终于看到，台上站着个虎背熊腰、肥头大耳的彪形大汉，马本斋想，这一定就是康泰尔了。

康泰尔不可一世地冲着台下说道：

“今天是第九天啦，哪位敢上来陪我玩玩拳头，都说中国武术超群，看来也不过如此罢了，哈哈哈……”

马本斋看着台上这个蓝眼睛大鼻子黄头发的外国人心里气得鼓鼓的。他心中暗暗骂着自己：“我身为一个中国人，为什么没有一身的武艺？为什么没有一身的力气？为什么没有一身的胆量？难道在中国的地盘上，就让这个外国人横行霸道吗？”他的牙咬得咯咯响，他的拳头攥得紧紧的，恨不能一步蹿上台去，与这个大鼻子拼他一场。

就在这时，只见一个小伙子纵身跳到台上，落在了康泰尔的面前。

康泰尔不由得倒吸了一口凉气，笨重巨大的身躯向后倒退了两步，问道：

“你、你、你是什么人？”

小伙子并不回答他，而是用手一指，大喝一声：“你休得在中国地面上逞狂，中华武士大有人在，今天我就与你见个高低上下。洋人，你敢和我空手较量吗？”

台下的观众见此情景，顿时活跃起来，齐声为武士助威。

原来，小伙子就是京津一带被人们称为武林传奇人物的神拳王子平。

王子平出生在武术之乡沧州府，自幼习武，练就一身好拳脚。他经常下天津卫，去北京城，寻师访友，广交武林志士，共讨武术精英，提高自己的技艺。自从康泰尔立擂以来，他天天来到五色土，康泰尔的狂言大话早就灌满了他的耳朵，气得他肚子鼓鼓的。他几次想飞身上坛，杀杀这位洋人的威风，但都被随行的朋友拦住了。朋友们相信王子平的功夫，但担心为洋人撑腰的汉奸走狗们陷害他。朋友们几次悄悄指着土坛周围的警察说：

“看到没有，这是官办的擂台。到了台上，洋人打伤了你，算是白打，你要是打伤了洋人，祸可就大了，非得坐牢不可，何必呢。”

马本斋目不转睛地望着这激动人心的场面，他打心眼里佩服这位名叫王子平的武士。心想：我要是能认识他该有多好呀，向他学武练功;学他的胆量和气魄，像武侠一样走遍天下，专打天下不平之事……

王子平与康泰尔讲好，彼此徒手练一通，比试比试。康泰尔以为眼前这个小子也不过如此，没有任何出奇的地方，空手比武，也胜不过我。于是，两个人便拉开了架势，康泰尔先发制人，向王子平扑来。王子平来了个大鹏展翅，一个箭步窜到了洋人面前，伸出铁钳般的双手，把康泰尔的两手紧紧抓住，使劲儿往自己怀里一拽，康泰尔的身体立刻失去平衡。王子平迅速来了个柳树盘根，曲起右腿，用力向前一弓，膝盖正好重重地击中了康泰尔的“丹田”部位。康泰尔“哎哟”一声，“咚咚咚”倒退了几步。王子平趁他立足未稳，疾速赶上去，又是一个猛虎扑食，三拳两脚把康泰尔打得趴在地上。

台下的中国人一片叫好声。

维持秩序的警察刚反应过来，要抓王子平，可此时的王子平，早已飞身跳下擂台跑掉了。

马永长一看事情不好，叫儿子快跑。这

一跑，马永长爷儿俩竟走散了。

马本斋满世界寻找父亲，而父亲也满世界寻找儿子，在一个偌大的京城里，爷儿俩互相寻找起来。

天色已晚，马本斋一天没吃东西，早已饥肠辘辘，在一个胡同口，从洋车上下来一位老先生，他在给车夫车费的时候，把钱包掉在了地上。马本斋捡到了钱包，送还给老先生，老先生被马本斋拾金不昧的品德感动了，非要送钱以表谢意，可马本斋婉言谢绝，大步走开了。马本斋回到前门楼子的门洞里，仍旧没见父亲，直等到他一觉醒来的时候才见到父亲，父亲整整找了他一天一夜呀！

在白塔寺附近，马本斋见到了杀富济贫的英雄赴刑场就义的情形。前一天亲眼看到了打翻洋人大力士的英雄王子平，今天又看到了杀富济贫的英雄……他被英雄的精神感动着，与父亲一起出了德胜门，穿过昌平镇 ，过了南口，来到了闻名中外的八达岭。

马本斋终于见到长城了，他把父亲撇在身后，快步登上了长城。在长城之上，他想起了“秦时明月汉时关”的话，按捺不住激动，高声朗诵道：

出身仕汉羽林郎，初随骠骑战渔阳。

孰知不问边庭苦，纵死犹闻侠骨香。

马本斋陶醉在思古之幽情之中。

搬起倒狮子

☆☆☆☆☆

（16岁）

马永长父子经过半个月的奔波，终于在塞外边城张家口落了脚。马永长父子在穷乡亲们的帮助下，在上埠营城子仁寿街镳镳把胡同开了一个名叫“永庆奎”的小果子铺。小铺一开张，父子俩起早贪黑拼命地干，再加上马永长在家的时候学过炸油条，手艺也不错，出锅的油条色好味香。小本小利的总算过得去。

杨赶刀是大皮货庄德正楼的管家，他来马永长的铺子买吃食总是赊账，今天又是，让马本斋赶上了，马本斋本来要发作，被父亲制止住了。

余怒未消的马本斋，挎着篮子到关帝

庙附近卖油条，眼见大乞丐欺负小乞丐，路见不平，马本斋的火气上来了，对大乞丐说道：

“你小子要是再敢动他一手指头，老子就打瘪了你！”

“哟嗬！你个卖油条的，还敢跟老子动武，你打听打听，这关帝庙周围洋河两岸，谁不知道我要饭的小花子头！”花子头说着，对小乞丐说道：

“小三子，你给我乖乖地站在一边，我收拾了卖油条的，再和你算账！”

可是，大乞丐无论如何都不会想到，原来这个卖油条的还真有两下子。挨了一拳的大乞丐走出老远，回头对马本斋说：“卖油条的，你等着，我一定要报这一拳之仇！”

本来一个早晨马本斋也没卖几个钱，见关帝庙前蹲着爷俩，一个瞎老头子，一个头上插着草标自卖自身的小姑娘，马本斋最见不得穷人受苦，他从篮子里拿出五根果子，又送给这爷俩五个铜子儿。

“嘿嘿，你的善心还真不小呢！”说话的是杨赶刀，他正陪着一个妖艳的女人走过来。杨赶刀要用十个铜子儿买那小姑娘，她的瞎眼爷爷不允，马本斋一个箭步跨过去，挡住了杨赶刀：

“杨先生，办事要凭良心，十个铜子儿就要买一个人？两根果子还值一个铜子儿呢！”

杨赶刀先是一愣，然后嘿嘿一笑：“马本斋，你可真是狗拿耗子多管闲事！”

马本斋毫不示弱地说道：“欺侮人我就要管！”

杨赶刀指着关帝庙前倒在地上的石头狮子对马本斋说：

“你要是能把倒在地上的石狮子搬立起来，人我不但不买了，还倒给瞎老头儿十个铜子儿！”

马本斋看看围观的群众，看看满脸奸笑的杨赶刀，又转身看了看倒在地上的石狮子，他双眉紧锁，半天不说话，心想：“怎么办？多年的倒狮我能搬得起来吗？要是搬不起来怎么办？不搬，难道让亲生的骨肉分离吗？难道让有钱人得逞吗？不能！豁出命来也要搬起狮子，为穷苦人出气！”想到这儿，他把篮子往地上一放，说道：“我搬！”说着，他“刷”地一下把小褂脱掉，结结实实的身体，像是石雕的一样。此刻，17岁的马本斋，在众人的眼里，已是一个顶天立地的硬汉子了。他大步走到倒狮跟前，刚要弯腰搬狮，忽听背后有人高喊：

“慢！”

马本斋回头一看，原来是一位高个子巡警，不由得愣住了。

夜离张家口

☆☆☆☆☆

（17岁）

马本斋得罪了大乞丐富有，几个小乞丐正在马本斋回家的必经之路等着收拾他，可是，这时传来信息，说是马本斋正要搬起关帝庙前的石头狮子，富有有些不相信，就他那力气还能把倒地多年的石头狮子搬起来？

高个子巡警又转向马本斋问道：“你能把倒着的石狮子搬立起来吗？”

马本斋斩钉截铁地说：“搬不起来，

我甘愿把今天挣的钱全部送给这位可怜的老人!”

高个子巡警把手一挥 :“好, 就看你的啦!”

马本斋转身,“刷” 地来了一个骑马蹲裆式, 又深深地吸了一口气, 两只粗壮的胳膊先在空中晃了晃, 好像把全身的劲儿都运到了两只胳膊上和十个手指上。然后, 十个手指牢牢地扣住了石狮子的底部, 双膀一晃, 石狮只是轻轻动了动。就这一下, 豆大的汗珠已顺着马本斋的脊背滴在黄土地上。

众人在为马本斋暗暗使劲儿。

杨赶刀的长条脸上露出了一丝奸笑。

小女孩的眼里浸满了泪花。

马木斋的腰部猛地一挺, 双臂使劲儿往上一提, 大吼一声 :“起!” 倒在地上多年的石狮子, 应声乖乖地站立起来了。

“好!” 众人齐声高呼起来。

高个子巡警死死盯着杨赶刀。杨赶刀只得把十个铜子儿往地上一扔, 狠狠地说道 :“后会有期!” 然后和妖艳女人甩手离去。

富有喝退众人, 走过来一把握住马本斋的手, 说 :“刚才小三子把关帝庙前的事都跟我说啦, 好样的, 你是杀富济贫的英雄, 是咱穷哥们儿的朋友。我服了你了! 好家伙,差点儿揍你一顿。”

马本斋这才明白过来，他诚挚地握着富有的手说：“不打不成交嘛！”

富有转身对小乞丐们说：“他是咱们的好朋友、好兄弟，今后要相互关照。”

于是，彼此序齿，马本斋17岁，为老大，富有16岁，为老二。其实，富有没有姓氏，也不知道自己究竟姓什么，于是，就跟着马本斋一起姓马，接着，论脸上的颜色，白脸的就叫白马，脸黑的就叫黑马，瘦弱的就叫瘦马。马本斋义气上来，把篮子里的果子请客了，大家也都不客气，纷纷抄起果子就吃。

在回家的路上，天下起雨来。马本斋先是站在一个高大的门楼下，站定脚步，才发现那是“德正楼”，马本斋扭头就走，回头吐了口唾沫。他又来到一个门楼下，忽然有人为他披上了雨衣，原来是关帝庙前的高个子巡警。马本斋不要他的雨衣，抬腿就要跑。

这位巡警名字叫刘沛然，是巡警中的好人。他在警察局查封书店时没收的书中，偷偷地读了不少进步书籍，接受了一些进步思想，对世道的不平，对政府的腐败，对社会的黑暗，也逐渐有了自己的看法。他对马本斋见义勇为的精神，着实佩服，所以，很喜欢马本斋。两人后来竟交上了朋友。

此时此刻，杨赶刀正在算计马本斋，他要借刀杀人报复他。

杨赶刀借着他的主子陈老板的势力，串通了巡警局局长，连夜来抓马本斋父子。在巡警刘沛然和富有的帮助下，马本斋父子连夜逃出了张家口。从此，马本斋跟着刘沛然去了内蒙古，马永长回了老家。

对于前面的人生之路，马本斋抱着无限的希望，他希望在他的人生路上，能够看到希望，见到光明。

终于杀了仇人

☆☆☆☆☆

（17–19 岁）

在马本斋没有寻找到正确的人生道路之前，他的仇人是家乡的黑财主、张家口皮货庄的管家杨赶刀。

年轻的马本斋，时刻想着穷人，想着穷人艰难的苦日子，因此他总不免想到被黑财主家花狗咬死的傻六，也不免想起他们父子在张家口做小买卖时的遭遇，被杨赶刀欺负，生意不得做，他背井离乡来到了大草原为财主放马，而父亲只好返乡，如今爹娘怎样他无从知晓。想到这里，愁云布满了他那张本来英俊的脸上。他有了疑难的问题，总是要去问刘沛然大哥，而刘大哥的答案，总是能够给他一些启发。马本斋问刘大哥，放着巡警不做，为啥来大草原放马。刘大哥对他说道：

“我不是跟你说过吗，巡警是有钱人的狗，专门帮着欺侮穷人，我早就不想干了。”

按照牧主的安排，马本斋和刘沛然要去一趟天津卫送二十匹好马。在天津遇到学生示威游行，马本斋立刻想去当兵，而刘沛然拦住了他，不是不让他去，而是觉得这趟马总不能白送，应该回去领了工钱再走也不迟。马本斋以为，遇到事情还是刘大哥想得周到。可是，当他们回到草原之后，马本斋却遇到了杨赶刀，仇人见面，分外眼红，那是必然的。在刘沛然的劝说下，马本斋只好抽身就走，而杨赶刀不依不饶，一定要抓住马本斋和刘沛然。

暂时脱离了险境，马本斋对刘沛然说：

"刘大哥，看来我们非得去当兵不可了。"

"是呀，原来打算拿到工钱再走，这下让杨赶刀这个狗日的给砸了锅。"

"要不是你拉着我，我真想过去把杨赶刀打死！"

"来日方长，总有一天要报这个仇的。咱们还是说眼下，得找个地方弄点儿吃的，肚子受不了啦。"

他俩终于来到一个小镇子，找到了一个回民饭馆。他们走进去，在靠窗的一张桌子旁边坐了下来，跑堂的拿着毛巾走过来：

"二位，吃点儿什么？"

刘沛然说："来四碗水饺，二两酒，一盘羊杂儿。"

跑堂的把毛巾往肩上一甩，像唱歌似的喊道："好哩，四碗水饺，二两酒，一盘羊杂儿。"

马本斋和刘沛然狼吞虎咽地吃着饺子，快吃完时，门口又传来了跑堂的迎客声："先生，里边请——"随着跑堂的一声呼唤，马本斋和刘沛然扭头向门口看去。二人不由得愣住了，原来是杨赶刀带着几个人走进了饭馆。

冤家路窄，马本斋要和杨赶刀硬拼，被刘沛然拦住了，他们从窗户逃跑了。可是，杨赶刀见又跑了马本斋，立即命打手追赶。

杨赶刀的几个手下从马本斋和刘沛然藏身的门洞前经过，马本斋认为时机终于来了。过了一会儿，杨赶刀拖着疲惫的小细腿儿，也跑过门洞。马本斋隐藏在门后，拔出蒙古短刀，一个箭步蹿到杨赶刀的身后，锋利的短刀直刺进杨赶刀的后心窝。杨赶刀晃了两晃，趴在了地上。刘沛然怕杨赶刀不死，也将手中的短刀重重地插进了杨赶刀的后背。

马本斋和刘沛然立即离开了大草原。但是，他们前方的路究竟如何呢？谁都难以预料。

毅然从军

★★★★★

（20–34 岁）

1921 年，马本斋流落到白山黑水之间。在林海雪原上扛大木，赶爬犁，修铁路，饱尝了人世的艰辛。

在流浪生活中，马本斋逐渐加深了对社会的认识。他认为，手里有了枪，就没人敢欺负自己了。马本斋毅然参加了张作霖的奉军。当时，军中大多数的人都目不识丁。马本斋粗通文墨，能写会算，很快成了人们口中的“秀才”。不到半年，就被提升为班长。不久，又被提升为排长。

1922 年，马本斋有机会被选送到“东北讲武堂”学习深造。在那里，他接受了几乎残酷的军事训练，但却较为系统地学习了军事知识，使他迅速地成长为一名理论与实践相结合的军人。

1924 年 9 月，马本斋从讲武堂毕业，被提升为连长。回到部队，正赶上第二次“直奉战争”爆发。他被任命为担负后勤运输的“杠子营”营长。1928 年春，马本斋率“杠子营”随刘珍年的部队开到胶东莱阳。在一次战斗中，马本斋运用强攻和奇袭相结合的战术，打了个漂亮仗，后来被任命为团长，随军驻防在胶东牟平一带。

1928 年，张宗昌被蒋介石的北伐军击败。其将领刘珍年乘机脱离张部，割据胶东。马本斋所部归刘珍年节制。1929 年 1 月，少帅张学良易帜拥蒋。自成体系的刘珍年在山东战胜张宗昌、褚玉良联军后，于同年 5 月接受蒋介石任命，任独立二十一师师长。马本斋任该部第四团团长。

由于马本斋出生于贫苦农家，深知百姓的疾苦。他一向治军严明，官兵均佩带有“救国家，救人民，不怕死，不爱钱”字样的袖章。胶东父老在感恩戴德之际曾赠给他一把“万民伞”，以示对马本斋本人及部队的敬意。同僚中，多是那些利欲熏心、醉生梦死的军阀豪绅子弟，他们过着花天酒地的糜烂生活。与之相反，马本斋却是一个狷介自守、刚正不阿的人。马本斋虽身为团长，但对那些前来检查军务却要唱堂会、要妓女陪着抽大烟、要歌女陪吃陪睡的上司非常不满。马本斋觉得这简直是一个“黑洞”。

刘珍年所部并非蒋介石嫡系，政工人员中有不少是共产党员。李楚离、曾希圣、张霖之等都曾在该部任职，刘珍年的胞弟、政治处长刘锡九也是中共地下党员。蒋介石多次命刘珍年清党，均被他以查无实据为由搪塞过去。马本斋与地下党员和进步分子有所接触，并通过这些人阅读了一些进步书籍，了解了在中国这块土地上，尚有真心实意为穷苦人谋利益的党派和军队。

1930 年，由于二十一师的高级军官向蒋介石告密，刘珍年只得将已暴露身份的中共党员和进步分子“礼送出境”。马本斋同中共外围组织的联系因此中断。

1931 年 9 月，日本关东军发动九·一八事变，侵占了东北全境。东北军执行蒋介石绝对不抵抗的密令，一枪未发撤到关内，把东北数千万父老乡亲置于日军的铁蹄之下。马本斋闻讯满腔怒火，义愤填膺，当即向上司请战，要求率部北上抗日，以身报国。

当时，蒋介石已制订“先安内，后攘外”的基本国策，正忙于“围剿”红军；山东的韩复榘、刘珍年均各怀鬼胎，只图自保。在这样的情况下，马本斋的慷慨义举自然招致了上司的蛮横训斥。眼看着祖国的大好河山一步步沦落敌手，作为军人却报国无门，马本斋忧心如焚，感慨万千，当即赋诗言志：

风云多变山河愁，雁叫霜天又一秋。

男儿空有凌云志，不尽苍江付东流。

不久，马本斋被免去团长之职，改任烟（台）威（海）汽车路局局长（仍为军职）。1932年秋，刘珍年在蒋介石严令催逼下，率部离开其经营多年的老巢胶东，开往南方“剿共”。马本斋考虑到刘部此去必定凶多吉少，遂毅然弃官离职，回到阔别多年的故乡，以待机寻找救国救民的新出路。

刘珍年所部二十一师到达江西“剿共”前线后，旋为蒋介石瓦解控制。刘本人被拘捕，由该部旅长梁立柱代其职。1935年，刘珍年在南昌被杀，梁立柱任二十一师师长。梁立柱与马本斋共事多年，私交很深，多次邀请马本斋返回二十一师。1935年上半年，马本斋到江西见梁立柱，梁许以高官厚禄。这时，二十一师正在与红军作战。该部官兵多为北方人，不服水土，瘟疫流行，厌于同红军作战，又常常受中央军的欺负，士气十分低落。马本斋不愿为蒋介石卖命，又目睹了红军的英勇顽强，遂坚辞不就，返回故乡。

走向革命

(1937—1944)

回民抗日义勇队成立

☆☆☆☆☆

（35岁）

回到家乡以后，东辛庄小学新来的老师高志轩来找马本斋。

自从与高志轩交上朋友之后，原以为自己走南闯北知道的、见到的事情不少的马本斋，也不得不服气高老师，因为在高老师的谈吐中，他听到了很多过去根本就不知道的事情，也懂得了很多过去根本就弄不懂的问题。因此，每每和高老师谈完话之后，他都有种心里敞亮、身上有劲儿的感觉。马本斋也曾对此纳闷，高老师怎么会知道得那么多，又是那么深透呢？

如今，虽然夜已经很深了，但是，马本斋与高志轩的谈话仍在进行着。高志轩问马本斋：

“前些日子我向你讲的共产党发表的《反对日本进攻的方针、办法和前途》，还记得吧？”

“记得，那怎么能忘了呢？”马本斋望着星空道。

高志轩庄重地说：“对呀！告诉你，我上次和你提到过的毛泽东，最近又向全国人民发表了重要文章……”

“是吗？快，讲讲！”马本斋说着向高志轩身边凑了凑。

“毛泽东在今年8月25日发表的题为《为动员一切力量争取抗战胜利而斗争》一文中说：‘全中国人民动员起来，武装起来，参加抗战，实行有力出力，有钱出钱，有枪出枪，有知识出知识。’还说：‘动员蒙民、回民及其他少数民族，在民族自决和自治的原则下，共同抗日。’”

马本斋听着，兴奋地说：“唉呀，毛泽东这么看得起我们回民！我们穷回回还是第一次被人看得起呀！”说着，眼里滚动起激动的泪花。他万分感慨地说：“我现在越发感到，共产党是个正派的党，说话做事都和咱想的一样。”

高志轩听着马本斋的话，看着他那兴奋的表情，问马本斋：

“烽火连天，时间不等人，你打算怎么办？”

马本斋反问高志轩：

“你说呢？”

高志轩轻声地说："你还问我，你不是已经开始行动了吗？"

"什么事也瞒不住你。"马本斋沉思一下，严肃地说：

"国家兴亡，匹夫有责。我们回民也是中华民族的子孙，抗日救国义不容辞！我就是想以练拳院为基础，拉队伍，起来和日本鬼子干！"

为了成立抗日武装，马本斋挨家挨户地做群众的思想动员工作，经过一段时间的努力，群众的抗日热情，如同烈火遇到了干柴，已经燃烧起来了。在马本斋与高志轩看来，拉起队伍的时机，已经基本成熟。

1937 年 8 月 30 日上午，东辛庄清真寺里，锣鼓喧天，热闹非凡，原来这是回民义勇队正式成立的日子。

小学老师高志轩正忙着写标语：

"各族人民共同抗日！"

"打倒日本帝国主义！"

"回回青年有志气，拿起刀枪杀日寇！"

白老庭像主人一样，招呼着拥进清真寺来的乡亲们。马铁男、金震河、铜小山几个青年人，把高老师写好的抗日标语，分别贴在清真寺的柏树、墙壁和红漆柱子上。这时，白老庭走到马本斋的身旁说："本斋，乡亲们来得差不多了，开始吧。"

△ 威震冀中的回民支队队长马本斋

马本斋挥舞着两只粗大有力的手臂喊道：

“乡亲们，日本鬼子踏上了咱们国土，妄想消灭咱们中华民族。他们烧、杀、奸淫无恶不作。难道咱们能像牛羊一样任敌人宰割吗？不能！绝不能！咱们堂堂的中华民族凭什么让小鬼子欺侮！乡亲们，要想活下去，就得抱起团儿来跟日本鬼子干！愿意跟我马本斋拉队伍的，到高老师那里去报名登记！”

马本斋话音未落，就见马铁男、金震河、铜小山和练拳院的青年们个个举起车轴似的胳膊喊着：

“我报名！”

“我参加！”

“我愿意和本斋哥一起拉队伍！”

“还有我呢！”

年轻人像子牙河的浪涛，一齐拥到高老师的小桌前，霎时，排成一行长长的队伍。

这时，从人群的最后面传来了一声沙哑的声音：“表哥，我也算一个，我也跟着你干一场！”大家一看，是哈少甫。

哈少甫是河间正兴斋的少掌柜，这个人是吃喝嫖赌都占全了的典型的纨绔子弟。七七事变之后，他家的店铺关门大吉，他来东辛庄是避乱来的，他的姥姥家与马本斋家是邻居，七弯八拐和马本斋家攀上了亲戚，因此，哈少甫管马本斋叫表哥。

马本斋一看哈少甫也要报名，便正色地对他说：“咱们拉队伍，是为了打日本，可不是为了享福，这个苦你能吃？”

“表哥，我也是个五尺高的汉子，别人能蹚水，我也能过河，打日本我能不算一份？”哈少甫心里到底是怎么想的，马本斋猜不透，不过，既然人家自愿参加，谁也不能阻拦。

因此，哈少甫也报上了名字。

乡亲们纷纷把自己家里珍藏多年的长矛、单刀、拐子、流星，还有打兔子用的火枪都献了出来。

白老庭拨开人群，举起一支猎枪向马本斋说："我在关东闯荡了半辈子，只落得这支家伙。过去我在长白山里用它打虎打狼，如今把它献出来打鬼子！"

金震河的父亲领着孙子小宝，走到马本斋跟前说："本斋，咱家没别的，就是有人，我们祖孙三代，都参加义勇队，跟着你打鬼子。"

马本斋激动地紧紧握住了震河爹的手。

旗开得胜

☆☆☆☆☆

（36 岁）

有首歌唱道：

……没有枪，没有炮，敌人给我们造。

是的，马本斋领导的回族义勇队刚刚成立，战士们手里拿的，不是大刀，就是长矛，最好的不过是打兔子的火枪罢了。就这样的家伙，如何应对得了现代化装备的小日本鬼子？打仗可不是儿戏，更不是演戏唱歌，而是血与火的考验和搏斗，没有应手的武器是不行的。马本斋正为武器的问题在深思，担任侦察任务的马铁男回来报告说，明天拂晓，山本联队有一辆军用卡车要从河间经过，开往沧州，车上运有枪支和弹药。

听了侦察员的报告，马本斋立即召集小队长们开会，他把要伏击鬼子汽车的打算跟大家说了一遍。听了马本斋的想法，大家都一致赞成。最后，马本斋建议大家说：

“今天晚上，弟兄们都打开‘智宝囊’，出谋献计，看明天这一仗如何打？”

白老庭慢条斯理地说：

“当年闹义和团，杀‘洋毛子’，咱们用的就是长矛和大刀，武器虽差，可是天时、地利、人和咱们全占了，还常常是出奇制胜。现在打东洋鬼子，也还是得用这个‘奇’字。”

“老庭大伯，你说的这个‘奇’字，是咋个奇法呢？”金震河好奇地问。

“你这小子，光动嘴不动脑子，我要是能摆出‘八卦阵’，不就成了诸葛亮了吗！”

大伙被白老庭的话逗得哈哈大笑起来。

就这样，你一言我一语，大家献计献策，一直商量了半宿，伏击敌人汽车的计划终于定下来了。

第二天拂晓，从河间通往沧州的公路上，果然开来了一辆大卡车。

在黄土公路上奔跑了一阵，因为路面坑坑洼洼的越来越不平，汽车只好放慢了速度。当汽车拐入一段两边长满了灌木丛的路面时，突然，好似平地一声惊雷，火枪土炮从两边的树丛中猛烈地向汽车射来。车上的敌人被这突如其来的袭击惊呆了。但这些火枪土炮，根本就无法打中鬼子汽车的要害，汽车还是很快开跑了。

马本斋事先就估计到了这个情况。因此，正当汽车飞速逃跑的时候，突然，从路旁又窜出一辆马车来，“嘎”地停在了公路中间，挡住了汽车的去路，赶车的是马铁男。

这时，马本斋喊了声：“冲呀！”义勇队的队员们，如下山猛虎，出水蛟龙，从树丛中一跃而出，狂喊着向汽车冲去。只有瘦猴似的哈少甫胆怯地慢慢从一个水沟里爬起身来，远远地跟在大队人马的后面。

吓掉了魂儿的敌人为了逃命，猛地一打方向盘，汽车从马车的一旁撞倒了几棵小树，狼狈地朝前窜去。

马本斋追到近前，望着逃走的汽车，心想：

送上门来的点心，说啥也不能让它从嘴边溜掉！他把手一扬，“刷”地一声拔出背后系着红缨的大刀片，一个箭步窜到马车旁，“喳喳”两刀，砍断了马缰绳，双脚一跺，“噌”地一下子跃上马背，两腿一夹，枣红马像离弦的箭，向前冲去。汽车上的汉奸慌乱地向马本斋射击，子弹从马本斋的上下左右呼啸而过。

马本斋望着狂逃的汽车，心想：应当设个圈套来迷惑敌人，于是他在敌人密集的射击下，突然来了个“镫里藏身”，把整个身体

▽ 回民支队战士演练刺杀

贴在了马肚子的一侧，好像是被子弹击中，要倒下马来。车上的敌人见了，高兴地狂呼着："打中了，打中了！"另一个汉奸喊道："再给他一颗手榴弹，送他回老家吧！"说着，随手扔出一颗手榴弹。"哧哧"冒着浓烟的手榴弹刚刚飞过来，还没有落地，马本斋顺手一接猛一挺身，骑上马背，顺势一甩手，把手榴弹又向敌人汽车扔去。只听"轰"的一声，手榴弹不偏不倚正好在汽车头前爆炸了，顿时汽车就像个大乌龟，趴在浓烟烈火中不动了。

这时，七十名义勇队员已追上来把汽车团团围住，那几名吓瘫了的敌人，被几个队员上去三刀两矛，就给结果了性命。

马本斋跳下枣红马喊道："赶快抢出武器，不要被火烧坏了！"经马本斋这么一喊，才提醒了只顾高兴的队员们，大家七手八脚地扑灭烈火，把车上的武器抢下来。经过清点，一共得了十八支"三八大盖儿枪"，五支盒子枪，几百发子弹，几十颗手榴弹，还有一部分被服。队员们拿着"三八"式，你传给我，我递给你，互相传看着，好不快活。

马本斋抹着脸上的汗水说："弟兄们，这是咱们第一个胜仗，回去之后，咱们还要加紧练兵，争取打更多更大的胜仗，有没有信心？"

战士们齐声回答："有！"

队伍解散后，乡亲们一拥而上，团团围住了队员们，就像久别重逢一样，问这问那。孩子们好奇地抚摸着新缴获的“三八大盖儿枪”。胜利的喜悦激动着每个人，鼓舞着每个人。马本斋还没有来得及回家吃饭，又有十多个青年人来找他要求参加义勇队。

马本斋高兴地握着他们的手说：“好样的，欢迎你们，咱们回族人民在这困难当头的时候，是要为国多尽一份力！”

新式“扫帚炮”

☆☆☆☆☆

（36岁）

日本鬼子被马本斋领导的“回民抗日义勇队”的“扫帚炮”吓破了胆。在当时日本人办的《东亚圣战》的战报上有这样的报道：

“匪回民义勇队，在匪首马本斋率领下，近又发明一种‘扫帚炮’。此炮威力无穷，杀伤面积之大，实为惊人；而且炮响之后，同时施放烟幕硝烟弥漫，直冲蓝天……此之动向，应引起我大东亚之皇军的注意，并应认真对付，直至消灭之。”

原来，马本斋组织人力、物力，自己制造了土炮“大抬杆儿”。这种土炮虽然射程仅有四五百米，但是，威力确实很大，一扫一大面子，杀伤力很强，敌人害怕的就是这个。

乡亲们随着“大抬杆儿”的响声，欢呼雀

▽ 马本斋雕像

跃着，向水坑边跑过去。他们亲热地围着马本斋、马铁男和金震河，抚摸着“大抬杆儿”问长问短。

白老庭高兴地捋着胡子说：“本斋，这家伙比当年神机营火器队的威力还要大。有了它，咱就可以和日本鬼子汉奸对付一气啦，哈哈哈……”

张劳桅喜爱地摸着“大抬杆儿”说：“这玩意儿比鬼子的机关枪还厉害呢，机关枪打的是一条线，可这玩意儿一打一大片，跟扫地一样。”

马铁男扛着“大抬杆儿”粗声粗气地说：“咱们义勇队这回可好了，造了六十支火枪，二十门‘大抬杆儿’，真是枪多人壮，只要本斋哥一声令下，咱就到河间去端山本的老窝。”

“回民支队”

（36–37岁）

马本斋正带领着战士们训练，只见远处跑来一匹快马，原来是军区通讯员小谢来送信了。小谢飞身下马，为马本斋送来了一份电报，电报的内容是：

“经中共中央军委决定，命回民义勇队改名为‘回民支队’，马本斋同志任司令员。”

马本斋兴奋地把电报高高举起，大声向战士们宣布说：“同志们，报告大家一个好消息，党中央无比关怀我们回族武装，经中央军委决定，现将我们回民义勇队命名为‘回民支队’。这个光荣而响亮的名字，说明党中央和军委对我们极大的信任……”

马本斋带领着他的回民支队，在战火中逐渐成熟与壮大起来，其根本的原因，就是注意总结经验，注重“严、练、想”的军事训练“三字经”，激发了战士动脑动手的热情，使军事素质有了普遍提高。

具体说来，“严”，就是严格要求。用马本斋的话说，严是爱，松是害。他经常用“兵熊熊一个，将熊熊一窝”的话，来形容战士与指挥员之间素质的关系和作用。

所谓战士“不熊”，主要表现在战斗意志坚强。比如，在沙河桥攻打杜林据点战斗中，有六名战士负了伤，但是，这些负伤的战士没有一个害怕、叫苦和下火线的，他们始终坚守在战斗岗位上，就连伤势最重的——肚子被打破、肠子都流了出来的战士，都没说半个疼字，一直坚持到战斗结束。事后，同志们都说：

“马总队长平时这个‘严’字真管用，打起仗来又长劲儿又止痛。”

这不是笑话，也不是戏言，而是一种革命战斗精神，一种不怕苦、不怕死的精神在马本斋以及他的战士们身上的体现。有了这种大无畏的革命精神，任何困难都能被克服，任何强大的敌人，都能够被彻底战胜。

马本斋在军事训练上对战士要求严格，并不等于不爱护或不关心战士。其实，他时刻关心着战士，只要看到战士生龙活虎的精神头儿，他心里就有底了。而如果发现哪个战士蔫头耷脑，准要过去仔细问一问，是不是哪里不舒服，或者生病了、挂了彩也不肯说，等等。如果真的出现了这种情况，马本斋首先要进行自我批评，然后，对存在的问题及时进行妥善

▷ 马本斋像

的处理。

在行军路上，他发现平时活蹦乱跳的铜小山一反常态，显得无精打采，就走过去问他是走累了，还是哪里不舒服。铜小山支吾着，并且故意挺起了胸膛，大概是立刻想起了马本斋平时所要求的，作为战士，就要有精气神，首先在精神上就要压倒敌人，于是他迈开大步走开了。可马本斋看得出来，他这是在强打精神。

马本斋摸了摸铜小山的头，终于发现了问题，原来，他正在发烧。马本斋责备他道："发烧了，怎么也不说一声？"

铜小山说：

"没关系，头疼脑热的算得了什么，你不常和我们说，要当英雄不要当狗熊吗！"

"小鬼，脑袋这么热，还嘴硬。"马本斋说着，回身喊了声："小金，把我的马牵过来，给铜小山骑。"

铜小山一听，赶忙说："队长，我不要紧，你夜里忙工作，白天和我们一起行军打仗，比我们累得多，还是你自己骑吧！"

“不要争啦，我命令你上马！”说着夺过小山的背包和“三八大盖儿枪”，然后一伸手，把铜小山推上了马背。

马本斋要求战士的“练”，就是要求战士要善于利用一切可以利用的机会和地形来训练自己，既要训练自己独立作战的能力，更要训练整个部队的整体作战能力。这是他在多年戎马生涯中悟出的道理。平时练就过硬的本领，战时就会减少流血牺牲。苦练，正是对战士、对部队的最大的爱护。

在训练中，他常常向战士提出问题。他问金震河，隐蔽的目的是什么？金震河回答，是为了保护自己，消灭敌人。

其实，金震河回答得不错，但马本斋认为他回答得不够具体，他接着补充说：

“应当说，巧妙地利用地形地物是为了迅速隐蔽地接近敌人，从多路方向发起冲击，直至把敌人消灭掉。”

有个战士提出：

“如果一股日寇出来‘讨伐’，但是立足未稳；要进攻这样的敌人，应当采取什么方法？”

马本斋回答说：“你这个问题和隐蔽也有密切的关系。进攻立足未稳的敌人，必须采取秘密和神速的行动，出其不意，以奇袭战法，歼敌于防御准备或防御准备不充分之际。为此，部队应当严密伪装，利用隐蔽地形，趁夜暗和不良天气，迅速地推进，突然在敌人面前出现，在急促猛烈的火力下，发起进攻，使敌人来不及组织防御，迅速就歼。”

就是通过这样严格的言传身教，使战士们既长了见识，也提高了素质。

军区已将回民义勇队正式命名为回民支队，应该很好地庆祝一下，马本斋离开了正在训练的战士，问司务长：今天晚饭能不能改善改善？

司务长说：“咱们部队来到这里，没有清真寺，没有阿訇宰牛宰羊，就没法子改善生活。”

“咱们现在是八路军，流动性很大，但是，我一定想办法，请一个阿訇来。晚饭无论如何也要让战士们吃饱、吃好。”

马本斋心里时时刻刻想着战士的吃、穿、住。

巧设迷魂阵

☆☆☆☆☆

（38 岁）

回民支队进入深南打鬼子，是军区首长的决定，马本斋将刚刚接受的任务，向全体指战员宣布。他说：

“我们回民支队是八路军中一支野战部队，正像回民支队歌中所唱的那样：是一把钢刀，哪里敌人最硬，就往哪里砍；哪里鬼子最猖狂，就往哪里杀！”

深南地区是日寇盘踞的巢穴，南面是沧（州）石（家庄）公路，西面是京汉铁路，成为联结冀、晋、鲁、豫广大地区的枢纽，日寇侵华战争的战略要地。原在深南地区活动的我军主力部队，于 1940 年初，由程子华政委率领南下讨伐伪军石友三去了；吕正操司令员率领冀中军区几个团到平汉路西，与我晋东南部队配合讨伐伪军张荫梧和国民党顽固派朱怀冰去了。日本侵略军就利用我军南下讨逆之空隙，强迫老百姓抢修沧石公路，妄图分割、封锁我冀中抗日根据地，致使深南人民的灾难日益深重。日寇在这里运用了“铁壁合围”、“梳篦扫荡”战术，对我居民进行集体大屠杀。这一大片富庶之地，被糟蹋得哀鸿遍野、满目疮痍。鬼子驻地铁丝网密密层层，岗哨林立，戒备森严。“抬头见岗楼，低头是公路，无村不戴孝，处处是狼烟！”就是在这种情况下，回民支队这支劲旅，以闪电般的速度，神不知鬼不觉地插入了深南地区。

深夜，马本斋仍旧在小油灯下查看着地图和笔记本，研究周围的敌情。他凭着自己在多年戎马生涯中积累起来的经验，把当前敌我双方对垒情况作了分析对比。他意识到，要想在敌众我寡的形势下把这抗日烽火点燃，在战略上必须紧紧地依靠人民群众，使部队深深扎在民众之中；在战术上，不能全靠拼消耗，必须运用机动灵活的游击战术，或诱敌深入，或两面夹击，或声东击西，或夜间偷袭。总之要看准时机，打它个措手不及。

小康庄之战之前，在研究这一仗究竟该如何打的问题上，经过大家的充分讨论之后，马本斋给大家讲了一个故事：

从前有一个将军，很有指挥才能，他的部下很勇敢。一次将军率领部下去攻打一个山寨，捉拿山大王为民除害，但攻了几次都没攻下来。一天，将军骑匹枣红马路过寨门，碰见一位道士打扮的人拦住他的马头失声痛哭。将军问他哭什么，道士说他为将军难过。将军问他这话怎么讲？道士说，这山大王心狠手辣，什么事都能干得出来；可你的兵呢，只使人可敬而不可爱。可敬者军纪严明，军威雄武；不可爱者则是与百姓不亲，不得民心。恐怕这一仗难取胜呀！将军问他怎么办好，道士认为，倘要取胜，将士本身的勇猛固然重要，但附在将士们身后的民心切不可偏废。将军采纳了道士的意见，命令停止攻山寨，先把部队开到民众之中，同老百姓相亲相近，从而很快了解了山寨的情况，做到了知己知彼。果然，不久山大王就束手就擒了。

马本斋说到这里，郭政委接着说："这故事说明了一支部队光会打仗还不行，还要学会做群众工作，紧紧地依靠老百姓，使人民群众成为部队的坚强后盾。"

马本斋又接着说："最近我到各大队驻地转了转，确实发现同志们求战心切，但是，光凭一股热情还不够，要充分认识当前的形势。同志们，冈村宁次的梳篦战术，从5月初就开始了，各据点的鬼子和汉奸四处窜动，像拉网一样，企图把深南地区的抗日力量一网打尽。在这种形势下，我们住在老百姓家里，不光要帮助老乡扫院子、挑水、拾柴火，更重要的要向他们宣传抗日的道理和打鬼子的新套路，要使每家每户都把抗日的烽火点起来。这样，我们军民合作抱成团，打起仗来就会永远立于不败之地。我们今天不是进山寨门，同山大王斗，而是钻进扫荡圈，展开反扫荡，同帝国主义斗，同这帮杀人魔鬼斗！”

马本斋是这样想的，也是这样要求干部战士的，而且也是按照这样的标准要求去衡量与约束自己的。

他在同几个老乡聊打鬼子的事情的时候，从一个姓李的老汉嘴里得知一个很重要的情报。李老汉被汉奸抓到安家村据点，在据点里当了两个多月的杂厨。他每天起得很早，拂晓前，总听到安家村的鬼子汉奸要和衡水的鬼子通两次电话，如果电话畅通无阻，说明夜里这一带没有八路军活动，敌人就安心继续睡大觉。根据这一线索，马本斋认为，应该采取“取之于敌，用之于敌”的办法，就是借敌人的电话线，捆住敌人的手脚！

于是，侦察排长马铁男带着电话线、耳机，按照马本斋的命令，趁着灰蒙蒙的月色，钻进了村边的交通沟，然后又爬到公路边儿的电线杆子下面，敏捷地将电话线搭在敌人的电话线上，用耳机探听敌人的通话情况。电话线一挂，耳机就发出了咕咕的声音。不一会儿，鬼子、汉奸果然通起话来了。

“情况的有？”

“报告太君，平安无事。”

“最近八路马本斋的回民支队活动的有？”

“太君放心，马本斋在沧州地区是只猛虎，可钻到深南就像头掉进陷阱的老牛了。起风庄那一仗，我们把马本斋的马都炸瘫了，从那以后他是不敢再露头了。”

鬼子用命令的口气说：“你的小心的干活！”

汉奸连忙收住未说完的话：“是！小心的干活。”

说到这儿，双方挂了电话。马铁男听了鬼子汉奸这“精彩”的对话，差点笑出声来。他掏出铅笔和笔记本，把敌人通话的时间、内容以及呼叫的号码，都详细地记了下来，回来向马本斋作了汇报。马本斋听后说：“你侦察到的情况与李老汉提供的情况是一致的，现在我们可以行动了。铁男，你明天再到交通沟里去，等到拂晓通话前，就将电话线掐断，干漂亮点儿！”

第二天凌晨，马本斋指挥二大队，用两个连的兵力埋伏在康庄，命令另外一个连埋伏在康庄东面的下庄。

由于战士们平时与老百姓的关系都搞得很好，老百姓已经成为不拿枪的抗日力量，他们将战士们掩护在草垛堆里、房顶上、石碾棚里，还有炕底下，部队埋伏得很严密，没有半点破绽。他们自己还和平时一样，该干什么就干什么，没有半点儿异样。

康庄与下庄相距只有五百多米，中间是个开阔地带无遮无拦。七点钟，马铁男准时掐断了电话线。衡水与家村的敌人失去了联系。冈村无法对深南一带实行统一指挥，于是，派出重兵进行拉网扫荡，企图消灭破坏电线的小股游击队。

敌人就好像听从马本斋调动似的，上午10点钟左右，先从安家村据点开出了几百号人马，直向康庄方向窜犯。鬼子们心虚得很，一离开据点，就疑神疑鬼，草木皆兵，生怕遭到游击队的袭击。所以，还没有进下庄，就又是打枪又是打炮，先搞了一阵火力侦察。

下庄村内的石碾棚子的柱子被炸断了，房顶被炸塌了，水缸被打碎了。霎时间，百十户人家的下庄村成了一片火海。鬼子趁着弥漫的硝烟闯进村子，到处乱捅乱翻，闹腾了半天，也没有发现埋伏在下庄的五中队。

这时，鬼子调转队伍，朝康庄方向奔去。这正是马本斋所希望的。战士们看到鬼子闯进了马司令员设计的埋伏圈，个个高兴得抿嘴笑起来。

一个日本指挥官，挥动着马刀狂叫了两声，鬼子操起刀枪，挺着肚子，十多匹战马在前面开路。咿咿呀呀往康庄村方向冲锋。顿时，黄土路上掀起了层层浓雾般的尘土，沿途村庄传出了一阵阵狗叫鸡飞的嘈杂声！

当鬼子冲到离康庄两百多米远的地方，突然，十多匹战马一阵“咴咴”地惨叫，四蹄腾空而起，乱蹦乱蹿，接着“扑哧”一声，四蹄跪在地上不动了。被摔下马来的鬼子，看看马肚子，不知被什么东西戳了一个个血洞，血像山泉一样流了出来。敌人对这骤起的意外情况，有的目瞪口呆，有的惊慌失措，有的被受伤的惊马踩死、踩伤。刚才还杀气腾腾的队伍，现在却成了惊弓之鸟，一下子乱了套。

原来，马本斋指挥这场战斗计中有计。鬼子侵占华北平原这几年以来，他们被八路军搞怕了，没有百十人以上不敢行动。马本斋估计到，这次出来查线、拉网的鬼子兵，肯定是一支大队伍。于是，他预先布置好三中队的四个班，上好刺刀，埋伏在村外的交通沟里，当鬼子的战马跑到他们头顶上时，便给马肚子来个刺刀见红。鬼子们万万没有想到，还没有进村，锐气就挫伤了一半！眼下马本斋趁鬼子兵还没有回过神来的时候，立即把手一挥："上！"

早已埋伏在康庄的战士们，个个像下山的猛虎扑向敌人，慌了神的鬼子兵拼命做垂死挣扎。战场上的枪声、喊杀声响起，人叫马嘶，乱作一团。正打得难解难分的时候，金震河带领五中队从下庄包抄过来，四面夹攻，把鬼子团团围住，压在两庄之间，欲进不能，欲退不得。汉奸的人数虽多，但不堪一击，二百多名汉奸早就死的死，伤的伤，活着的也都交了枪。顽固的鬼子兵却杀红了眼，一个个狂叫着与回民支队展开了肉搏战。刀光剑影，短兵相接，几个回合下来，鬼子横七竖八地躺倒了一大片。肉搏战仍在激烈地进行，但敌人的阵势已经开始混乱，渐渐支撑不住了。马本斋感到时机已到，便一声令下，事先布置好的第二、第三梯队冲了上来。他们如钢刀淬了火，猛虎添了翼，进一步紧缩包围圈。鬼子指挥官带领十几个残兵败卒，拼命地往外冲，妄图窜出一条生路。但当他们窜下一个小土包时，马本斋顺手拾起鬼子扔下的一挺机枪，飞速向敌人扫射，一梭子弹飞过去，像串豆腐一样，又有几个敌人死狗似的倒下来。在战斗接近尾声的时刻，老百姓也拿着铁锹、锄头、菜刀纷纷出村助战，打得敌人鬼哭狼嚎，丧魂落魄。这一场奇袭战，使几百个鬼子和汉奸得到了他们应有的下场。

战斗胜利结束后，战士们在返回康庄驻地的路上交谈着、议论着。金震河拍着铜小山的肩膀说："嘿！干得带劲儿，真像把鬼子手脚捆起来打一样！"正说着，马本斋从东南面走过来，铜小山扛着得来的一挺轻机枪跑过来，向司令员敬了个礼说："司令员，这一仗打得真带劲儿，你看！"说着把机枪晃了晃。

马铁男在一旁插嘴说："好玩意儿还在那儿哪！"他朝摆在路边的战利品一指："光'三八大盖儿'就够装备两个连，还有加农炮、掷弹筒、手榴弹，都躺在那里等我们去摆弄哪！"大家听了哈哈大笑。

对于康庄这一仗，敌人到底有什么说法呢？第二天，马本斋得到一份情报，冈村司令部承认："康庄之役，除一人逃出外，其余全部光荣殉职！”是的，他们除了用“武士道”和“大和魂”之类的鬼话来自欺欺人之外，有什么值得夸耀的呢？

康庄这一仗，对激发深南人民抗日热情，点燃深南抗日烽火，起了极大的推动作用。它灭了敌人的嚣张气焰，大长了我军的威风。

康庄战斗是回民支队战史上光荣的一页！

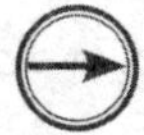

“挖深三五尺”

☆☆☆☆☆

（38–39岁）

马本斋的战友刘世昌回忆起当年的亲身经历，讲了“挖深三五尺”和“兵不厌诈”的故事，从中看出了马本斋对敌斗争的智慧。

1940年麦收前，日军强迫老百姓在衡水到康庄的公路两边修建壕沟。马本斋得知这一消息后，悄悄动员老百姓，把沟多挖三五尺深。老百姓虽然不明白马本斋的意图，但是他们认为，既然是马队长的安排，总不会有错。因此，老百姓活干得都很卖力，老百姓的表现使日本人很高兴，他们看着深挖的壕沟，冲着老百姓举起大拇指，嘴里连连说：

“你们的，大大的好！你们，是中国人的这个！”

壕沟深挖了三五尺，真的像日军说的那么好吗？

后来日本鬼子吃了败仗，就在这深挖的三五尺上。

1940年5月30日拂晓，安家村据点的敌人被突然响起的枪声惊醒，他们以为回民支队的主力杀来了，就急忙打电话向衡水请求增援。敌人的电话一打通，回民支队的侦察员就立即割断了电话线。衡水据点立即派出一个日军小队和一个伪军中队向安家村火速增援。当日伪军接近康庄的时候，打了一阵炮之后，见没有什么动静，就放心地把部队变成六路纵队跑步前进。

眼看着敌人进入了伏击圈，马本斋一声令下，密集的火力一齐向敌人倾泻而去，如风如电如雷如雨，这突如其来的一阵猛打，敌人不但没有还手的能力，连招架之功都没有了。于是，敌人想起了公路两边新挖的壕沟。

敌人的壕沟,其实就是为预防不测用的。这时，壕沟派上了用场。于是，敌人都进入了壕沟。当敌人进入了壕沟之后才发现，站在壕沟里，即便是踮起脚，也无法看到壕沟的外边。敌人站在壕沟里，只能盲目地举着枪向外乱射，完全无法组织火力还击。如果我们的战士猛地一拽，就能从沟里将敌人的枪拖出来。

这挖深的三五尺，使日本鬼子吃了亏。

这次战斗仅用了40分钟，就歼灭了敌人八十余人，还缴获了一门平射炮。战斗结束之后，马本斋走上土丘，用马鞭指着地上的尸体，让战士们把敌人的衣服和鞋子弄下来带回去。当时战士们不明白马本斋究竟是啥意思。不久以后，六十多名战士，就是穿着这些缴获来的服装，假扮成日本鬼子，偷袭了榆科据点。

1940 年 6 月 7 日拂晓，一支由回民支队假扮日军的六十多人的小分队，悄悄潜入榆科东南约四公里的一个村子隐蔽起来。

马本斋觉得骑兵连指导员任振宇精明强干又有点像日本人，就任命他担任“皇军”队长。

这天下午，四十多名“皇军”和二十多名“伪军”组成的“扫荡队”出现在通往榆科据点的公路上。一路上，老百姓四处逃散，以为鬼子真的来了。榆科据点的伪军也摸不清“皇军”从何而来，不敢怠慢。伪军队长列队完毕，还没看清“皇军”队长究竟是啥模样，脸上就重重地挨了一个耳光。也就在这个时候，伪军发现，这些“皇军”虽然穿着翻毛皮鞋，但都是光着脚没穿袜子。

伪军队长由“皇军”脚上没穿袜子看出了破绽，于是猛然大喊一声“有诈！”他喊声刚起，任振宇就一把抓住伪军队长，喝令他命令他的部下投降。有些伪军要动手，当即被击毙，其余的人，全都举手投降了。这次战斗只用了半个多小时，奇袭速战速决，趁着敌人的慌乱，立即撤了出来。当敌人的大部队赶到时，奇袭队已经走远了。

以上两个战例充分证明了，马本斋在与敌人的残酷斗争中，既善于动脑，也善于利用一切可以利用的条件和机会，有力地打击和消灭敌人。

失去丛林的战斗

☆☆☆☆☆

（40岁）

1942年5月，日寇在冀中发动了惨绝人寰的“五一”大扫荡。敌人采取“铁壁合围”、“对角清剿”、“梳篦剔块”等阴毒战术，实行“烧光、杀光、抢光”的“三光”政策。冀中大地顿时变成血与火的海洋。

为了减轻敌人对八路军中心区的压力，马本斋按照冀中军区的命令，攻打了津浦路上的重要据点泊头镇和交河县城。回民支队对敌人的牵制，成功地掩护了冀中军区主力部队突出重围进入太行山区。

回民支队利用交河、献县一带的有利地势和良好的群众基础，反复同敌人周旋，瞅准机会消灭敌人，把敌人死死地拖住了。

敌人对马本斋领导的回民支队恨之入骨，于5月下旬，出动了五万人，八百辆汽车，企图一举消灭回民支队。

为了摸清敌情，马本斋派出几支精干的侦察分队，终于将敌情搞清楚了。马本斋综合了搜集到的敌情，从地图标识上看到，阜东千顷洼有一大片丛林，于是，他当机立断,向部队快速下达了到千顷洼隐蔽的命令。部队星夜兼程，饭在路上吃，一刻也不敢耽搁。但是，当部队来到千顷洼的时候，马本斋愣了，富有战斗经验的指战员也都替马本斋捏着一把汗。原来，原有的大片丛林已经被敌人强制砍伐，如今只剩下低矮的灌木，这样的地形，部队根本无法隐蔽。没了丛林怎么办?马本斋从瞬间的愣神中立即回转过来，命令部队立即进入附近的高庄和纪庄两个村子。司令部设在高庄村北的小场屋，战士们严密设防，封锁消息，子弹上膛，整装待命。

这时，侦察员陆续将最新的敌情递送回来，地方的敌工部门也将内线的紧急情报送来了。各个方面的情报都证明，敌人已经从回民支队所处的南、西、北三面包抄过来，形成口袋阵，使回民支队处于极其危险的境地。

马本斋临危不惧，力排众议，他一方面严令部队隐蔽，只要不被敌人发现，即使敌人擦肩而过，也不可开枪。他认为，敌人一定会向东跟进，以达到歼灭我军于津浦西侧的目的。然而，随着敌人兵力的运动，西、南、北公路上的封锁线必将出现薄弱环节。一旦出现薄弱部位，我军出其不意，一鼓作气，一直向西，在敌人的口袋底部捅个窟窿。经过激烈的讨论，马本斋的突围作战方案被通过了。

为了落实好突围方案，在以中队为单位传达马本斋司令员命令的过程中，各个中队要求每个共产党员，必须准备为国牺牲，一旦战斗令下，要奋勇出击，冲锋在前。同时，号召全体指战员，要节省弹药，上好刺刀，进行白刃战。

拂晓时分，敌人的车队向高庄、纪庄开来。因为两个村庄的西侧有一片沙窝岗，所以车队只好绕村而过。而大队的日军沿着村边的道路向东涌了过来。回民支队的战士们，埋伏在院墙内，与敌人只有数米之遥。

敌人估计我军早已东撤，所以不加搜索，急忙东进。

天亮之前，敌人主力已经离开高庄、纪庄二十余里，西部封锁线上的敌兵大大减少。就在这个时候，马本斋当机立断，率部向西突围。

为了不惊动远处的敌人，与敌人遭遇的部队与敌人的后卫部队展开了肉搏战，将 14 个敌人刺死 13 个。但由于逃跑的敌人开枪惊动了运动中的大队敌人。敌人返回身来，在距纪庄 50 米、100 米和 150 米处设下三道防线，并以密集的火力封锁了向西突围的道路。

一大队和政治部机关编成几支冲锋队，向敌人的阵地猛烈冲击。一个战斗小组在弥漫的风沙和硝烟中，借着树丛的掩护，突进敌机枪阵地。小队长崔俊臣和战士们挥大刀斩断敌首，摧毁了敌人的火力点。副大队长裘克带领一大队乘机向敌人拼刺进击，冲击封锁线。驻在高庄的第二、三大队在马本斋的直接指挥下，兵分两路向西突围。许多战士脱掉上衣，端着刺刀，赤膊上阵。一时间杀声震天，血光四溅，敌人一排排倒下，我们的许多战士也英勇牺牲了。

这时，敌人抢占了村西北的沙岗和高家坟等制高点，用机枪疯狂扫射，挡住了我军向西北突围的去路。马本斋命令二大队掩护机关突围。

二大队长马永标是马本斋的叔叔，他已年过五旬，并且患有严重的关节炎，人们劝他随主力先冲出去，他执意不肯，一定要亲自掩护机关人员突围。

马永标命令五中队长马庆功率领两个分队，摧毁敌人的机枪阵地。

马庆功率领敢死队猛冲猛打，终于夺取了敌军阵地，控制了高家坟等制高点后，又打退了敌人一次又一次的凶猛反扑。

马永标率领部队冲锋，为机关人员开路，不幸坐骑为敌炮所伤，落马后中弹牺牲。

回民支队主力在五中队掩护下突破敌人的几道封锁线。

五中队参加阻击战的六十余名战士只有十二人生还。

鲜血染红了高家坟和周围的沙岗。

马本斋料定东去的敌人听到枪声必定返回，因此，他骑兵先到，步兵随后赶到。

突围时，命令分队长焦振峰带领一支精干人马，占据有利地形伏击西返日军。

正在大部队向西突围的紧要关头，日军骑兵一部返回高庄、纪庄，企图袭击我军侧翼背后，我伏击部队一齐开火，敌人骑兵大乱，自相践踏，残部掉头东窜。

这时，三个大队已分别突破敌人的封锁线，在纪庄西一华里处的开阔地带集结。

马本斋率领支队主力，群威群胆，奋勇杀敌，在摧毁连家岗子敌机枪、迫击炮阵地后，向西急进。

一大队马国忠、副大队长薛洪泰、教导员马德舜冲锋在前，壮烈牺牲。

炊事员、卫生员、摄影记者，甚至年仅15岁的小演员也拿起铁铲、刺刀、手榴弹同敌人进行殊死搏斗，许多人血洒战场，为国捐躯。

部队接近阜景公路时，人称“马老虎”的七中队长马虎文捷足先登，抱着机关枪打退阜城援敌。

回民支队迅速越过阜景公路，突出重围。待东去的日军大部队反扑回来时，我回民支队早已杳无踪影。

这次战斗日伪军投入兵力一万五千人，被歼灭三百余人。然而，这次战斗回民支队也遭受了建立以来最为惨重的损失，总计减员368人，包括许多领导骨干在内的二百余人壮烈殉国。

回民支队千顷洼战役，教训与经验并存。由于对敌人“五一”扫荡的规模、战术和残酷程度认识不足，在冀中南部的边界地带走留不定，致使全军陷入重围。举棋不定，犹豫不决，往往是失利的根本。千顷洼之役陷于被动的主要原因就在这里。然而，就是在这极其被动不利的情况下，马本斋率领回民支队遇险沉着，指挥若定，调度有方，身先士卒，发挥了党员的骨干带头作用和先锋模范作用，全体将士全部投入突围战斗，以不怕流血牺牲的大无畏革命精神，奋勇杀敌，彻底打破了日寇“铁壁合围”的阴毒战术，粉碎了敌人企图一举消灭回民支队的痴心妄想。从而，保存了回民支队，保存了抗战的有生力量。

回民支队回故乡

☆☆☆☆☆

（40岁）

回民支队回咱东辛庄来了！东辛庄的乡亲们奔走相告，村子里一派欢迎亲人子弟兵光荣返乡的喜庆气氛。

在这几年中，这支英雄的回民武装，在马本斋的率领下，点燃了深南的抗日烽火，收复了白洋淀周围的大片失地，开辟了无极、藁城抗日根据地，跑遍了整个冀中平原。他们在抗日战争进入如火如荼的1941年夏天，奉上级之命，挥师东进，又回到了他们转战多年的子牙河两岸。

最热闹的要数马本斋的家，门口拴着几匹枣红马，大人、小孩把他家三间土坯房的院墙几乎要挤塌了。

马本斋把郭政委带到自己的家，母亲早已在家里做好了迎接的准备。马本斋一进门，就拉着郭政委向母亲介绍：

“娘，这位是郭政委。”

这时，淑芳、玉英都抱着孩子走进屋来。母亲指着淑芳向郭政委说：“这是本斋家的。”又指着玉英说：“这是进坡（马本斋弟弟）家的。”

郭政委接过孩子边逗边说：“大娘，你们家可真是个革命家庭，老大给日本人杀害了，

△ 马本斋母亲像

老二老三都在咱回民支队。”

马本斋母亲说：“当娘的哪有不想儿的。可是鬼子不让咱想呀！这几年来，河间那个狗山本，可把咱老百姓糟蹋苦了。”

郭政委站起身来，说：“大娘，我们这次回来，就是要收拾这个狗东西！”

马本斋母亲拉着郭政委的手说：“孩子，你们狠狠地打，给咱老百姓出出气！”

这时，马本斋的女儿接弟、小儿子金树在院子里蹦蹦跳跳地围着大人玩，郭政委一边逗着孩子，一边对马本斋母亲说：“大娘，部队晚上就出发，儿子刚回来就走，您舍得吗？”

“唉，说实在的，真想让你们多住些日子。可是，一想到鬼子还在子牙河两岸横行霸道，那留你们的心呀，也就想开啦。”

母亲这简短而朴实的话，使郭政委心中暗自赞叹：真是一位好妈妈！

淑芳今天特别高兴，她忙里忙外，一刻也不休息，她把茶壶放在炕桌上，转身又到东厢房炸油香去了。马本斋知道她一个人忙不过来，也跟着淑芳到了东厢房。淑芳炸油香，马本斋蹲在锅台下烧火。马本斋一边烧火一边看着淑芳。淑芳被看得不好意思了，说：“看啥，不认识啦！”

马本斋加了一把柴，说：“认识，咋不认识，我是看你比过去见瘦了。怎么，身体还好吧？”

一句话问得淑芳心里热乎乎的，她俊秀的脸上霎时又出现了几年来少见的红晕，羞涩地看了丈夫一眼，故作生气地说：“你们男的就是心硬，一走就是几年，也不常给家里捎个信儿来，成天让家人提心吊胆的。”

“谁说不常给你捎信儿，大炮、机枪、手榴弹，天天在响，那就是在告诉你，我们又在消灭日寇了，这不就是给你捎信儿了吗？”

淑芳深情地瞟了丈夫一眼，笑道：“可人家咋知道你们消灭了多少鬼子！”

淑芳说着把锅里炸好的油香捞出来，又把几个生的放到锅里说：“孩子天天喊着想爸爸，总是问我，娘，爸爸怎么还不回来呀？”说到这里，她的眼眶湿润了。

马本斋很理解她此刻的心情，他忙站起来，手抚着淑芳的肩头温存地说：“看你，孩子都老大了，你这个当妈妈的倒成了小孩子了。说话流泪，真成了林黛玉了。”说着就要去替她擦眼泪。

夫妻俩正说着，4岁的儿子小金树跑了进来，嘴里还不住地喊着：“爸爸，我要枪，我要枪！”一头扑进了爸爸怀里。

马本斋爱抚地摸着儿子的头问：“想爸爸吗？”

“想。”

“哪里想？”

“这儿。”小金树拍着小胸脯说。

淑芳翻了翻锅里的油香，笑着说：“这一次，你快把这小子带走吧，我可弄不了这个调皮蛋。”

两口子说得正热闹，白老庭叼着小烟袋进来了："嗬，你们这是在唱哪出戏呢，这么热闹。"

马本斋见白老庭来了，忙上前热情招呼："老庭大伯，你好哇，几年不见，您身子骨儿还是那么硬朗，可真是老当益壮呀！"

白老庭乐呵呵地说："本斋，要说身体，咱敢和你们年轻人比试比试，我还要等着亲眼看着小鬼子完蛋呢！哈哈哈……"

淑芳拿起一个油香递给白老庭，说："老庭大伯，尝尝我们炸的油香。"

"好，我先尝一个。"说着，他接过来便大口地吃起来，边吃边说，"本斋，你们这次回来先不走了吧？"

马本斋往灶里加了把柴火，说："不走了。不把子牙河两岸的鬼子砸趴下，就不离开这儿啦！"

"好！淑芳听到没有？咱们的马司令可发了话了，这一回放心了吧？"白老庭开玩笑地说。

这时，一个青年跑进来，说："老庭爷爷，妇救会的人在找你呢，让你快点儿去。"

淑芳逗笑地说："你这个村长，只顾在这儿吃油香，把小青年们都给丢啦。"

白老庭边往外走边说："本斋，我先走了，等一会儿我再来，咱爷俩儿得好好地唠唠，这会儿不耽误你两口子说话了。”

“老庭大伯，一会儿我到你家，还得好好看看咱们的练拳院。”马本斋尊敬地把白老庭送到门口。

“好，大伯我在家等你，如今咱村的青年抗日先锋队那些小青年们，接了你们的班，天天在那儿练，等练出来就给你们送到队伍上去。”白老庭说着走出了门。

“那可好，咱练拳院铸出来的铁拳头错不了！”

马本斋送走白老庭回来，帮着淑芳把炸好的油香端进了屋里。

这时，马本斋的父亲马永长挑了两筐西瓜回到院子，乐呵呵地把瓜放在老椿树下，大声喊道：“本斋，快请郭政委来尝尝我种的瓜甜不甜。”

屋里的人都应声跑了出来。马本斋捧着一个又圆又大、沉甸甸的西瓜，用刀“噗”地一声切开，递给了郭政委。自己也拿了一块吃了起来：“爹，今年这瓜可真甜哪！”

“可不是，满地都是，圆滚滚的！”

马司令员笑了笑，把警卫员小金叫到跟前说：“小金，你通知同志们，到我家地里摘瓜吃，让我爹领你们去！”

战士们一听马司令员下了摘瓜的“命令”，一个个活蹦乱跳地往村南头的瓜地跑去，边跑边高兴地喊着：“到家了，到咱们自己家的瓜地里去吃西瓜哟！”战士们孩子似的跑到瓜地，吃得可痛快了。

马永长站在地头，望着这些生龙活虎的战士们，乐得合不上嘴，他高兴地喊着：

“孩子们，你们就放开肚子吃吧！”

马本斋带领回民支队回到子牙河两岸以来，在准确掌握敌情的基础上，以机智灵活、迅雷不及掩耳的战术，屡次给予敌人以沉重的打击。鬼子在野外查线，他们隐蔽在青纱帐里进行伏击；鬼子进村抢劫，他们下地道打埋伏，出其不意地送鬼子和汉奸回“老家”；鬼子的汽车一上公路，他们布的地雷就把它炸得轮子上了天。回民支队犹如蛟龙得水，在人民战争的汪洋大海中自在遨游。山本被马本斋搞得懵头转向，顾此失彼，于是，不得不下令规定：百人以下的部队，不准出据点大门。但是，山本吃了亏不服输，这些天来，他正绞尽脑汁寻找办法对付马本斋。

盘算中的诡计

☆☆☆☆☆

（40 岁）

日本鬼子被马本斋领导的回民支队打怕了，一心想消灭马本斋，可一时又没有更好的主意。正当敌人一筹莫展的时候，叛徒哈少甫给正在盘算中的敌人出了个诡计。哈少甫的诡计得到了敌人的认可，敌人还假惺惺地夸赞他聪明呢！

日本鬼子头目山本正在想，自从侵占河间地区以来，自己就好像坐在火山口上一样，从来就没睡过一个安稳觉。几年前，他与马本斋周旋，从来就没占过便宜，每每都是以失败告终。如今，马本斋又杀回来了，继续跟自己对头。尤其是最近十来天，马本斋的部队在沧州与河间之间的公路上，陆续搞掉了他三十多辆汽车，不光汽车损失这么多，马本斋还拔掉了他的七八个据点。想到这里，山本不禁叹了口气，自以为足智多谋的山本实在没有办法了。他转念又想，是不是该给马本斋送个信，用金钱或官职收买他呢？山本以为，一个穷苦农民出身的人，该不会不爱金钱，不爱权势吧！

这时，他想起了汉奸崔丰久。

崔丰久慌慌张张跑到山本跟前，轻轻地报告说：

“太君，马本斋的回信啦。”

山本一听马本斋回信了，立刻瞪大了布满血丝的眼睛，让崔丰久念信：

“……中国有句古语，冤家路窄。有我马本斋，没有山本；有你山本，就没有我马本斋！”

此时，山本的脸色变得格外难看，他挥起手来，五根指头印在了崔丰久的脸上：“你的，良心大大地坏了的，给我滚出去！”

崔丰久捂着热辣辣的脸，一路小跑，正好碰上了叛徒哈少甫。

“怎么样？马本斋愿意过来吗？”哈少甫问。

“愿意？他妈的老子的牙差点儿被打掉了！我如今真像老鼠掉进了风箱——两头受气。”崔丰久边骂边摸着腮帮子。

△ 马本斋母亲坐过的独轮车

哈少甫悄悄地走进山本的办公室，装模作样地搭讪道："太君，马本斋的过来了？"

"嗯？哪个的说？"山本的眼睛离开地图，转向哈少甫。他那一小撮仁丹胡子上下抖了几下，上前抓住哈少甫的衣襟，神经质地狂吼道："马本斋的在哪儿？"

"不，不，我是问马本斋的投降的没有？"哈少甫吓得脸色蜡黄，手脚哆嗦。

"太君！"哈少甫又上前对山本说："那马本斋本来就是平原上一只虎，如今参加了八路，更是长了翅膀。"

"你讲的，实在实在的。"山本心情似乎平静了一些。

"我在皇军面前不敢讲假话。"哈少甫又

说,“早年,马本斋是练拳院的人,能飞檐走壁,他的侦察队是他训练出来的,有神出鬼没的能耐。此人不除,后患无穷!”

“马本斋的,是中国人的这个!”山本翘起左手大拇指,“我山本是日本人的这个!”山本又伸出右手大拇指。说完,他从抽屉里取出崔丰久送来的马本斋的那封回信,递给哈少甫看。哈少甫看完信,眼珠子转了几下,跑到山本跟前神秘地说:

“太君,要征服马本斋,我倒有一计。”

“什么计?你的说?”

哈少甫附在山本耳边嘀咕了几句。

山本听后,两手当胸一抱,耸肩大笑,说:“你的,大大的聪明。马本斋过来的,金票给你大大的!”

哈少甫此时真像条得到主人抚摸的哈巴狗,摇头摆尾,骨软筋酥,甜滋滋地说:“太君过奖,过奖。我哈少甫愿为皇军效犬马之劳。”

“好的,你比崔丰久大大的有用,就按你的妙计的去办!”

马老太太临危不惧

★★★★★

（40 岁）

叛徒哈少甫帮助日本人，把马本斋的母亲抓了起来。乡亲们替马老太太担心，马本斋更是着急得不行。

1941 年农历七月初五，山本带着日本鬼子进了东辛庄。他们把没来得及转移的部分群众抓到清真寺，汉奸崔丰久替山本说道：

“同胞们，今日皇军到此，一不催粮，二不抓丁，只是告诉你们一个消息。你们大概还不知道，马本斋已归顺了皇军，当了剿匪总司令。今天我崔某陪同山本队长特地来请马老太太进城。”说到这里，他向山本瞟了一眼，接着又说：“都听明白了吗？这是件好事。哪个知道马老太太现在何处，对皇军说一声，大大的有赏。谁知道就说吧，不必害怕。”

崔丰久的鬼话，东辛庄的群众没有一个会相信，他们个个面沉似水，不动声色，看着汉奸鬼子这丑剧如何往下继续。

这时，山本强装笑脸，拿着一叠钞票，在空中晃了晃，用生硬的中国话说：

“喂，你们的看看，说出来马司令的妈妈，金票大大的给！谁的知道，快快的说话！”

崔丰久咬牙切齿地对群众狠狠地说：

“太君的话你们都听见了吧，谁说出来有赏。你们怎么都不吭声呀！大家要放明白点！”说到这里，崔丰久似乎意识到自己的话不够得体，就立即换了一种腔调：

“同胞们呀，谁也不能和谁过不去，要是知情不报，这就不太好了吧？皇军也是一片好心，请马老太太进城去享受荣华富贵，你们不帮忙，这未免太对不住马老太太了。”

乡亲们仍旧不动声色。

敌人将白老庭拉了出来，让他说出马本斋的母亲究竟在什么地方，可是，白老庭以自己出门多年刚刚回来，根本不知道马老太太在哪里的话对付敌人。山本用刺刀刺伤了白老庭的肩膀，鲜血染红了他的衣服，但白老庭没有半点惧

△ 马本斋母亲的遗物

色。

山本又转过头来，问在场的群众："你们哪个的知道马老太太的？"

敌人见这样问不出什么来，就对整个村庄进行了彻底搜查，仍然没有找到马老太太。

其实，马老太太在白老庭的再三劝说下，已和家人一起躲到村外去了。

敌人故伎重演，在村里没有找到马老太太，又继续拷问群众马老太太到底在哪儿。这回，不但动嘴，而且动手。村民马维良被折磨得死去活来，最后死在了崔丰久的枪下。眼见马维良惨死在敌人的手里，马维安实在忍无可忍，他冲出人群，猛地一拳打在崔丰久的脸上，山本劈开了他的胸膛！

日本侵略者的忠实走狗崔丰久竟然把马维安血淋淋的心，放在众人面前威胁说："看见了没有，谁敢违抗，也和他一样！"

山本发了疯地狂叫："你们的不说，心的通通的扒开！"

接着，日本侵略者活活烧死了回族青年哈元庆……

太阳偏西，敌人将躲在村外的群众押回村，马老太太也在人群中。乡亲们巧妙地把她簇拥在人群中间。

敌人开始折磨村民王兆喜，马老太太实在看不下去，毅然挺身而出，喝住了敌人，山本见了她，假惺惺地说：

"老太太，生气的不要。你的本斋是大大的英雄，皇军要跟他友好友好的。中国和日本要亲善亲善的，你的明白？"

"我早就明白！"马老太太咬牙切齿地对他说："你们这群该死的畜生，杀人的强盗，吃人的魔鬼！可俺们是有骨气的，是拧不弯的钢刀，杀不绝的回回。我倒要看看这些狗强盗和汉奸们还能横行几天！"

马老太太骂得敌人胆战心惊，说得乡亲们胸中怒火燃烧。乡亲们迎着鬼子的刺刀，拼命向前拥去。山本慌了神，忙朝空中放了一枪，人群中一阵骚动。山本指着崔丰久怒骂："你的八格呀噜！快快的带马老太太开路！"

"是！"崔丰久摇摇摆摆，跨上台阶去搀扶马老太太。

"滚开！我自己会走！"马老太太骂得崔丰久不敢上前，她边走边对乡亲们说："老的少的们，你们放宽心，我知道怎么对付这群狗强盗！我单求你们一件事，叫本斋狠狠地打鬼子！"马老太太从容地走下台阶，挺身向前走去。

山本见马老太太已去，命令崔丰久道："清真寺和马本斋家的房子通通地烧掉！"顿时火光四起，烟雾笼罩着东辛庄，火光映红了半边天。

怒杀叛徒

☆☆☆☆☆

（40岁）

马老太太身陷囹圄之后，一直以绝食抗争。敌人的软硬兼施，统统没有任何作用。

狗急跳墙的山本，见软的不行，就对马老太太来硬的，他用枪逼着马老太太，而英雄的母亲从容地从床上下来，眼里闪烁着仇恨的光芒，拍着胸膛对山本说：

“来吧，朝我这儿打！”

一个老太太，七天没吃没喝，竟然能够稳稳地站起来，还能有那么大的力气，她的精神从哪里来？这一点，作为侵略者的山本，是无论如何都不会明白的。山本被马老太太的精神吓住了，他倒退了几步，还没等站稳，马老太太的手镯就向他砸了过来，接着，马老太太倒了下去。

山本派哈少甫去见马本斋。

哈少甫见了马本斋，精神着实紧张了一阵子。但是，当他看到马本斋表情自然，也就渐渐地平静了下来。

哈少甫没话找话，问马本斋家里人都好吧之类的话，马本斋打量哈少甫之后，觉得眼前的这个衣冠禽兽可恨之极。

哈少甫凑到马本斋跟前，故作亲近地对他说：

“山本真孬种，把大姑请去了，要同你讲和。”

“噢，有这回事，他提出什么条件呢？”马本斋问。

哈少甫扳着手指头说：“一、从今以后，你不打他，他不打你；二、大姑大嫂们可以进河间享受荣华富贵；三、保证给你三个县的剿共司令。”

“只有三个县哪？”马本斋轻蔑地反问一句。

哈少甫以为他的鬼话把马本斋说动了，于是，就接着对马本斋说：

“依我之见，在这‘司令如牛毛，主任遍天下’的世道，只要你把这支硬邦邦的回民支队带过去，恐怕整个河北省剿共总司令就是表哥你的了。到那时呀，哈哈，那些大大小小的司令还不都得归你调遣。”

“我要是不过去呢？”

“那前途就不堪设想了。表哥，事到如今，你的心眼不能再那么死，脑袋该开条缝儿了。你不为自己前途着想，也得为我大姑的性命担忧啊！”

“住嘴！”马本斋把桌子一拍，“你这个狗东西！”

随着马本斋的怒吼，门外呼啦一声，马铁男和小金冲进来，他俩抓住哈少甫的胳膊就往后拧。

马本斋命令说：“替我‘送客’！”

哈少甫浑身哆哆嗦嗦像筛糠，哀声求饶说：“表哥，你不能呀，是大姑叫我来的呀！”说着，他从口袋里掏出一个玉镯子，“你看看这个！”

马本斋心里一震，伸手夺过玉镯子仔细观察，玉镯子的确是他母亲的。

哈少甫见马本斋沉吟起来，以为捞到了救命稻草，连忙说：“这不假吧？”

“你是从哪里得到的？”马本斋严厉地问。

“大姑亲手交给我的，她老人家叫我来

劝你。她病重思亲，肝肠痛断，把我叫到眼前，摘下她的玉镯子，要我前来劝你过去。这父母之恩重如泰山，表兄乃是大孝之人，今日我提着脑袋来见你，为了什么？你不为你自己前途着想，也得为你母亲，我的大姑想想。”哈少甫说到这里装出声泪俱下的样子。

“如此看来，慈母之言我是不好违抗了。”马本斋把捏在手里的玉镯子反反复复地端详着，然后态度缓和地说：“你为什么早不把这玉镯子拿出来？你知道，我这个人喜欢直来直去，有话讲个痛快。你说，我这样过去保险吗？”

哈少甫见有希望，劲头上来了：“保险，保险，表兄威镇四方，小小河间能奈你何？况且，有小弟保驾，万无一失！”

马本斋将玉镯子装在口袋里说：“好吧，既然是我母亲叫你来的，我就得走一趟。”马本斋边说边掏出手枪，扳动了机头。哈少甫看到马本斋这个动作，惊恐地后退了两步。

哈少甫听马本斋的口气，再看他脸上的表情，已明白是怎么回事了，扑通一声跪在地上：“表哥，你……你……”

马本斋用力将哈少甫推出门外，怒喝道：“你哈少甫想在我马本斋面前耍鬼把戏，找错了门！”

“马司令员，您不能呀，我求求您，您不能这样呀！”哈少甫吓得魂不附体，腿脚发软，声嘶力竭地叫喊：“你不能呀，不能呀！”

“你背叛祖国，危害人民，破坏抗日，你死有余辜！”说着“砰”的一枪，这个可耻的民族败类“哎哟”了一声倒在地上。

当天，回民支队的指战员们，知道马司令员亲自除掉了哈少甫这个回奸，个个拍手称快。

马老太太死后，山本便派了一个排的兵力，将马老太太的遗体偷偷地抛在了河间城南。

东辛庄的乡亲们得知了这一消息后，怀着沉痛的心情，将老人家的遗体连夜运回东辛庄，安葬在村北的土地上。

过了几天，警卫员小金拿着一摞报纸，眼里含着泪花送到马本斋跟前说：“司令员您看！”

马本斋拿起一张《冀中导报》，只见上面印着：“马老太太凛然殉国！”

“英雄马母，壮烈牺牲！”延安《解放日报》发表了马老太太的英雄事迹：“气壮山河，回民队长之母，英勇殉国！”“民族英雄马母精神不死！”

马本斋以一种崇敬的心情，默默地把这张报纸看完。

英雄的母亲她在敌人面前宁死不屈，绝食七天，于农历七月十四日英勇牺牲。

马老太太与敌人英勇斗争的事迹，随着冀中平原的枪声，很快传遍了整个解放区。她那大无畏的革命精神和崇高的民族气节，成为鼓舞抗日军民对敌斗争的无穷力量！

豆子地里打伏击

☆☆☆☆☆

（40岁）

善于在敌人忽视的地方设下埋伏，出奇制胜，使敌人连吃败仗，这是马本斋带领回民支队开展游击战的拿手好戏。

经过详细侦察，侦察排长马铁男向马本斋报告说：

“根据首长的指示，我们对交河城和东流堡都进行了侦察。侦察结果和司令员掌握的情况基本上相符。交河城有守敌一千三百多人，其中鬼子四百，汉奸九百。东流堡有守敌一百五十多人，鬼子五十，汉奸一百多。东流堡这个镇子，是交河城这一带主要交通运输线上的一个兵站基地。交河城日寇联队长星野是刚从东北调来的；东流堡的日寇中队长雄尾是星野的老部下，他们关系很密切。情况大致就是这样。”

马本斋听完报告，说：“看来我们这次围点打援的决心可以下啦！”“是呀，司令员，火候到了，该揭锅了！”马铁男使劲儿地扇着大蒲扇说。

经过详细调查和研究，马本斋决定在交河城和东流堡之间的望江店附近的一片一眼望不到尽头的豆子地里设伏。有人提出疑议，高粱、玉米地设伏是再好不过的，而豆子地里设伏，是不是……

马本斋问：“你们说，敌人出来扫荡，在平原上最怕什么地形？”

“那当然是能藏住人的高粱地和玉米地了。”有人抢着回答。

“如果我们埋伏在被认为藏不住人的豆子地里，那敌人将会怎么想呢？”

有人说：“只要我们隐蔽得好，敌人路过这里肯定会麻痹大意，想不到这里会埋伏着千军万马。”

“对呀，我们就是要利用敌人的麻痹大意，出其不意地消灭敌人。你们说，为什么不可以选这样的地形呢？”

“唉呀，原来奥妙在这里！”

按照马本斋的安排部署，战斗分别在东流堡、交河先后打响。东流堡的战斗是从拂晓前开始的，凶猛的战势，使东流堡的敌人一时慌了手脚，他们请求交河的守敌增援。也就在交河的敌人要出兵增援东流堡的时候，交河的战斗也打响了，交河守敌自顾不暇，哪里还敢去增援东流堡呢？其实，这是马本斋围点打援的一招棋。

这边东流堡和交河的战斗在继续，而此时，也就是在上午八点多钟，小村带领着的六百多鬼子和汉奸，去东流堡增援，正好要经过马本斋早已埋伏好的豆子地。经过豆子地，敌人以为这里不会有埋伏，也就放心大胆地经过。当敌人进入了埋伏圈之后，马本斋一声令下，回民支队如同神兵天降，霎时，枪声震天，杀声四起，如暴风雨般猛烈地席卷而来。回民支队从南、西、北三面形成包夹敌人之势，迫使敌人只能向东逃跑。

当敌人正要进入一个村庄的时候，突然从村边的交通沟里像冰雹似的飞出了密集的手榴弹，立足未稳的这群惊鸟困兽，立刻应声倒下了三十多个，其余的跟着小村又拼命地奔跑起来。战士们要追赶逃跑的敌人，被铜小山制止住了，他严肃地说：“这是马司令员的命令，只许我们在这里打伏击，不准追击敌人，现在我们的任务已经完成了。”说着，他往前一指说：“走，把阵地前敌人的枪支都捡起来。”

小村带领着残兵败将向东流堡方向逃跑。马本斋却胸有成竹地说，小村根本不敢去东流堡。果然，小村在距东流堡十多里路的地方停了下来。按照小村的想法，他们要绕道回交河。敌人正垂头丧气地走着，高粱地里突然传来一声断喝：“缴枪不杀！我们是回民支队！”

这突如其来的怒吼，如同晴天霹雳，把敌人给吓瘫了，尤其是那三十多名汉奸就像从噩梦中惊醒一样，慌乱中一个个丢下枪，跪在地上求饶了。

那十几个日本鬼子狗急跳墙，还在负隅顽抗，但是，疲兵残卒不堪一击，没有挣扎几分钟，就死的死，伤的伤，战斗很快就结束了。

当清理战场时，发现少了小村，活不见人，死不见尸。

金震河对战士们说：“赶快四处搜查，不要让这条恶狼跑掉！”

金震河的话音未落，就听一个战士喊道：“中队长，这小子在这里呢！”

大家循声跑过去一看，在一个小土沟里，小村跪在里面，正敞胸袒腹，准备剖腹自杀。金震河举起盒子枪，“叭”就是一枪，小村手中的战刀“当啷”一声掉在了地上，两个战士上前把他捆了起来。

五中队押着一串俘虏，在返回驻地的路上，兴冲冲地议论着：“这一仗打得真过瘾！起初让咱们五中队去围东流堡，围了一阵子，又把咱们搬到这干河套里来，还担心这一仗捞不上打呢。”

“让咱们来这儿，就有来这儿的用处。这就叫棋高一着，你是跳马，还是飞象、拱卒、支士？着着棋路事先给摆好了。”

“那可真是，小鬼子这回可被马司令员给‘将’死了！”

一个老战士叼着旱烟袋，说起顺口溜：“话说马司令巧设连环计，大环那个套小环，小环这个扣大环，一环接一环，环环紧相连，套得敌人团团转，打得敌人傻了眼，末了，给它来个一锅端！欲知如何消灭交河城鬼星野，且听下回咱再谈，咱再谈。”

“嗬！你都把这一仗编成书啦！”身边的战士乐呵呵地说。

“要说书呀，那还多着呢！”老战士晃了晃旱烟袋说，“光咱马司令‘十六字诀’的故事，就可以说它个三天三夜！”

“十六字诀？”一个新战士好奇地问。

“告诉你，小鬼，‘十六字诀’是咱们马司令员在历次战斗中总结出来的。这十六个字就是：‘地形要明，敌情要准，决心要稳，打仗要狠。’”

 永远出征的战士

☆☆☆☆☆

（41–42岁）

1944年2月7日，马本斋病逝。

半个月前，马本斋的脖子后面长了个黄豆粒大的小疮，最初不疼不痒，马本斋

根本没在乎。其实，这种病症中医叫作“砍头疮”，它的毒性很大，发作起来，患者疼痛难忍。虽然王回春医生给马本斋做了手术，但术后三天，马本斋一直处于昏迷状态。护士小杨始终守护在马本斋的病床前，为马本斋的病情不断恶化而心焦。

眼见马本斋强忍着疔疮剧烈疼痛的折磨，王回春医生建议马本斋手术，但苦于没有麻药，王回春陷于踌躇之中。而马本斋却对王回春说：

“医生同志，不要再等了，治病也和打仗一样，这个碉堡攻不下来，我的身体就好不了。既然你们已经决定了，就大胆动手吧。”

王回春认为，无麻手术，患者疼痛难忍，害怕马本斋吃不消。

马本斋以华佗为关云长刮骨疗毒的故事鼓励大夫。手术成功了，马本斋以其坚强的革命意志挺住了。

王回春告诉刘政委，马本斋的病情很重，疔毒已经扩散，毒性归内，转化为急性肺炎。医术上说：“毒气归内，十有九卒！”

护士小杨也说，马司令员已经几天不吃东西，而只喝了一点鸡蛋汤。

战士们都来看望马本斋，医生劝阻无效，刘政委正好赶来，他对战士们说：

“同志们，你们想念司令员，司令员也想你们呀！为了让他尽快地恢复健康，我们就暂时不看，这样司令员好得更快，你们说好不好？”

听了政委的话，战士们齐声说好。

刘政委来到马本斋的病床前，马本斋正好醒了过来，他微笑着对刘政委和医护人员说：

“我到马克思那里报到，他说，你的任务还没有完成呢，怎么就来啦？我一听，又回来啦！”

刘政委和医护人员被马本斋的话逗乐了。然而，他们知道，马本斋是在宽慰同志们，而他自己，正在强忍着巨大的痛苦，正在同病魔作极其顽强的斗争。

刘政委告诉马本斋，延安、毛主席刚刚发来电报。

马本斋听到“延安”二字，眉毛使劲儿往上一扬，而当他听到“毛主席”三个字的时候，竟然坐了起来，他从刘政委手中接过电报，断断续续地念起了电文，电文的大意是：

冀中回民支队马本斋同志：党中央问候你和全体指战员。

你们以大智大勇，驰骋于华北平原，取得卓著之战绩。为了消灭西北五马犯匪，总部决定，命你部速来延安，接受重任……

马本斋将电报反复读了三遍，他那暗黄色的脸上，现出了有病以来所没有过的笑容和红润。他对刘政委说，赶快给延安、毛主席回电，告诉党中央和毛主席：

“党中央的电报，对我们鼓励太大了。我们要坚决执行命令，尽快出发。”

刘政委按马本斋的意见，做了出发前的动员工作，他安慰马本斋，请马本斋安心休养。

马本斋喃喃地说：

“我多么想和同志们一起去延安呀，可是我……”

马本斋说到这里，眼里闪烁着泪光。他是铁打的硬汉，在所有艰难困苦面前，在与敌人进行殊死搏斗中，在与病魔作坚决搏斗时，都不曾掉一滴眼泪。只有在痛失母亲、痛失亲爱的战友的时候，他才会流泪。而此时此刻，他流的是激动的泪水。他多么想去见一见革命圣地延安，他多么想去见一见伟大领袖毛主席呀！他多么想去亲身感受一下延安的新鲜气息，他多么想亲耳聆听毛主席的谆谆教诲呀！可是，他的这些想法，如今只能是梦想了。想到这里，他眼里的泪水涌出了眼眶……

王回春安慰马本斋："首长不要着急，慢慢治疗，会好起来的，好了会到延安去的。"

马本斋知道，属于自己的时间已经不多了，但他仍旧笑着说：

"病好之后，我们去延安，到党中央、毛主席的身边去！"

听马本斋这样说，王回春暗暗地抹眼泪。王大夫这样细微的动作，没有逃过马本斋的眼睛，他问王大夫为什么流泪，王回春急忙说："我，没有哭。"

马本斋对王大夫说："咱们当兵的有个规矩，只准笑，不准哭。等我好了，咱们一起去延安好吗？"王大夫答应着，而声音中伴着哽咽。

马本斋把目光转向了刘政委："老刘，真对不起呀，部队工作的重担都压在你一个人的肩上了……"

刘政委也只好强作笑颜，回应着马本斋，他让马本斋放心，他一定带好部队。

马本斋的妻子孙淑芳领着一双儿女来看他，马本斋以为自己的病情妻子不知道，于是，他勉强打起精神，和妻子说话，和孩子们唠嗑，和孩子们一起唱歌。看到这一切，孙淑芳的眼泪，只能在心里流。

部队马上就要出发去延安了，马本斋被担架抬着，来到部队跟前，来到战士们的中间。这时，战士们轰动了，他们欢呼，他们跳跃，他们鼓掌，他们激动得流下了眼泪。在马本斋的示意下，马铁男、金震河把马本斋从担架上扶了起来。马本斋终于挣扎着站了起来，尽管身体十分虚弱，他仍旧没有忘记军人风纪，他先正正军帽，然后又拉了拉军衣，扶着马铁男和金震河的胳臂，使尽全身的力气，站定了身子，

△ 朱德给马本斋母子的题词

气喘吁吁地向指战员们问好。马本斋的问候声未落，整个会场上已经响起了“首长好”的高呼声，这声音响彻了大地，响彻了平原，久久不肯散去。紧接着，就是一片经久不息的掌声。

马本斋十分勉强地冲大家摆了摆手，然后以最大的气力说道：

“同志们，你们马上就要动身去革命圣地延安了，到党中央、毛主席身边去了。这是多么光荣，多么幸福！不过我听说，有不少同志，还不想立即去，说要和我一起走。

“当然喽，同志们想我，我也想念同志们。但是，这不是一次普通的行动，这是执行党中央、毛主席的命令，任何个人感情都必须扔掉，因为你们不是跟着我马本斋个人干革命，而是要跟着党，跟着毛主席！”

马本斋说着，胸部感到剧烈的疼痛，汗水湿透了他的内衣，他以极大的毅力忍受着，轻轻喘了口气，继续说：

“这一次去延安，我们和兄弟部队编成一个教导旅，旅长就是杨得志同志。我们一定要听从杨得志同志的指挥，与兄弟部队搞好团结。同志们，你们前面走，我很快就会赶上你们的！同志们，咱延安见好不好？”

其实，为了部队能够按照党中央、毛主席的要求按时到达延安，刘政委已经做了很多具体又深入细致的思想工作。然而，尽管这样，马本斋仍旧不放心，他了解自己的部队，更了解他的战士。战士们与他朝夕相处，在战场上摸爬滚打、出生入死，没有二话，而就在党中央、毛主席召唤的时候，自己不争气，让病魔给折磨倒下了，虽然此生恐怕没有希望到延安了，也没有机会见毛主席了，但是，他的那些可爱的战士，他的那些可爱的爱国将士，是不该因他拖着病体而影响党中央、毛主席命令的坚决执行！他简短的动员讲话，使回民支队全体将士所有的活思想全都彻底打消了，所有的思想顾虑，全都烟消云散了，将士们士气高昂，可以按时到达延安了，马本斋这才把心放了下来。

在回民支队出征动员会之后，马本斋与护士小杨有一番让人心动的谈话。

夜已经很深了，护士小杨给马本斋吃过药打过针，扶着他躺好，她本来要走，可又不放心地对马本斋说道："司令员，现在已经是夜里十一点钟，你今天可够累的了，现在的任务就是睡觉！"

马本斋笑着说："好吧，小杨同志，我坚

决服从命令，一定好好睡，养好病好去延安见毛主席。”

马本斋提起要见毛主席，护士小杨来了兴致。

小杨说，她只是在报纸上见过毛主席的像。她问马本斋，如果自己到了延安，能见到毛主席吗？

马本斋肯定地回答：我能见，你也能见，我们八路军的指战员们都能见。

护士小杨听马本斋这样说，高兴得简直要跳了起来，但是，她忽然意识到，此时马司令员病情严重，说话、动作都不能大了。想到这里，小姑娘的眼圈又红了。

护士小杨与马本斋有很深的感情，马本斋曾经是小杨的救命恩人。

1941 年，回民支队在白洋淀的一次激烈战斗中，马本斋从大火中救出了一个 14 岁的小姑娘，这个小姑娘，就是如今的护士小杨。

小杨的父母都被日本鬼子杀害了，小杨无家可归，举目无亲，马本斋批准她参加了回民支队，并留在卫生队当了护士。

沉浸在回忆之中的小杨，被马本斋的问话惊醒了，马本斋问她，你怎么不笑了？小杨说，她怕影响司令员的休息。于是，马本斋又问小杨：

“如果你到了延安，毛主席问我们回民支队的情况，你怎么说呀？”

“我就说，咱们回民支队打了很多胜仗，消灭了很多鬼子！”

马本斋微笑着说：

“光这两句话可不够哩。”

“那还要说什么呀？”小杨问。

马本斋说：

“还要向毛主席汇报我们回民支队的成长壮大过程，汇报我们的思想，汇报我们的优缺点。”

似乎是因为他的话说多了，有些累了，他稍微停顿了一会儿，又继续说道：

“尤其是像我这样的人，酸、甜、苦、辣都经历过。我回想了一下，难道有哪一个革命者，当他走向革命的第一天，就会立刻找到一条完全正确、一帆风顺的道路，而不必经历种种挫折、失败乃至迷误吗？自从我找到了共产党，这才是我生命的真正开始！小杨，我现在有病，身体不好，更应当抓紧时间把我那本《战斗札记》早日写完。”

小杨说：

“司令员同志，我知道您的《战斗札记》写了很长时间，需要继续写。可是，您现在需要休息，明天再写吧。”

马本斋又苦笑了一下，说道：

“好吧，小杨同志，听你的，我马上休息，你也该去休息了。”

小杨走了之后，马本斋挣扎着半坐在床上，又写起他的《战斗札记》来。

1944 年 2 月 7 日黎明，王回春医生和护士小杨来到了马本斋的病床前，只见马本斋背靠着墙，那本《战斗札记》摊在他的腿上，右手还紧紧握着那支钢笔，闭着眼睛，神态安详，似乎劳累了一夜，正在静静睡着。

然而，不论是王大夫，还是护士小杨怎样呼唤，马本斋都没有任何反应。他俩一下子明白了……

马本斋，一个永远出征的战士，他没有死，他是去远征了……

杨得志司令员向回民支队的指战员们宣布马本斋逝世的消息：

“同志们，中国人民的好儿子、中国共产党的优秀党员、回民支队全体同志所爱戴的优秀指挥员马本斋同志，他……”

没等杨得志司令员宣布完，战士们明白了，他们再也压抑不住冲击胸口的悲痛，失声痛哭起来。

杨得志司令员擦干自己脸上的泪水，高声向战士们说：“同志们，马本斋同志的死，比泰山还重。他像莽莽昆仑巍然屹立，他像滚滚江河奔流不息，他是我党我军的骄傲。如果有人问，我们应当做什么样的革命战士？历史会响亮地告诉我们：好好学习我们所热爱的马本斋司令员！马本斋同志虽然离开了我

△ 马本斋纪念碑

们，但是，死，绝不是他战斗的终止；他的革命精神将永远都是鼓舞我们前进的力量；他，永远是出征的战士！”

3月17日，延安各界举行马本斋追悼大会，毛泽东、周恩来、朱德等中央领导送了花圈和挽联。毛泽东的挽词是：“马本斋同志不死！”周恩来的挽词是：“民族英雄，吾党战士！”朱德的挽词是：“壮志难移，回汉各族模范。大节不死，母子两代英雄！”

马本斋同志的一生，是为人民解放事业努力奋斗的一生，他英雄的名字和他光荣的事迹，将永远载入中华民族的光辉史册！

马本斋烈士永垂不朽

《民族英雄马本斋》一书编写完之后，我仍旧觉得还有一些话没有说完。因此，在这里作一点交代。

《民族英雄马本斋》因是史料性质的书，所以，对人物形象的刻画，对故事情节的展开，都不允许合理想象或妙笔生花。故事，也只能是有案可稽的事实。语言，也尽可能保持事实的原貌。

《民族英雄马本斋》一书如果就马本斋本人讲，应该突出回族这一特点。然而，从马本斋投身伟大的抗日战争、并最后为其献身的角度说来，应该把民族理解为中华民族这个大概念。回族是我国众多少数民族其中的一支。因此，理解马本斋这个民族英雄，也就应该先从中华民族这个大的概念去理解，然后再从少数民族这个概念去理解。只有这样，认识似乎才会更全面，也更符合实际。

“只有民族的才是世界的”的说法，说的是民族的作用和人类社会的本质。人类社会是由各个民族组成的。而各个民族都具有其有别于其他民族特点。按照这样的逻辑推理，强调民族平等其实就是在强调人人平等，把人类和平作为一种理想去追求，并为此做出不懈的努力，则是将民族平等的具体化。因此，上个世纪四十年代的世界反法西斯战争和中国的抗日战争，是世界和中国争取和平的民族战争，它的伟大胜利，是正义战胜邪恶的胜利，也是坚持正义的民族的胜利。

纵观历史，人们能够清楚地看到，天下太平的根本标志，便是没有战争。而天下大乱的根源，不是天灾，便是人祸。人为的祸乱，往往源于战争。因此，主战与反战的斗争，正义与非正义的斗争，则成为人类社会应有的内容和本质。在人类社会发展过程中，事事处处充分体现着民族的特点，而民族矛盾与各民族之间的和解或和谐，就成了人类社会是否能够发展前进的标志与界定。

马本斋是中华民族的英雄。马本斋是回族人民的英雄。

民族之间的和谐，是人类社会各个成员之间的和谐。

只有民族进步了，人类社会才能进步。

只有维持人类和平，各民族之间才能为共同理想的实现提供坚实的基础的保证。